EL CONDIMENTO DE LA VIDA

Crónicas deportivas

Joaquín E. Brotons

 WANCEULEN Editorial

 WANCEULEN Ensayo

"El condimento de la vida es la lucha, las relaciones amistosas siguen siendo una especie de discusión y si no hemos de renunciar a todo lo que es valioso en nuestro destino, debemos enfrentarnos continuamente a alguna otra persona, cara a cara y arriesgarnos a caer enamorados o a terminar enemistados. Sigue siendo por medio del cuerpo o del poder del carácter o del intelecto como alcanzamos los placeres que valen la pena. Hombres y mujeres luchan uno por la otra en las listas del amor como si fueran mesmeristas rivales; los activos y diestros deciden sus desafíos en los deportes del cuerpo y los sedentarios se sientan para jugar al ajedrez o conversar."

Robert Louis Stevenson, *Ensayos*

Para mi hermano *americano Loren E. Dieu*

ÍNDICE

JUSTIFICACIÓN

Este libro no es un ensayo filosófico sobre el deporte en general ni un estudio técnico de ningún deporte en particular. Es una miscelánea de crónicas deportivas, de recuerdos personales y de emociones que millones de personas han podido sentir de forma parecida en los espectáculos deportivos. Se trata de textos que no solo hablan sobre fútbol, aunque el fútbol sea predominante, sino que lo hacen también sobre baloncesto, rugby, tenis, vela, golf, motor, boxeo, balonmano, hockey, atletismo, natación, carreras de caballos, ciclismo, etc. Un cóctel deportivo que espero y deseo que sea de tu agrado, querido lector o lectora.

Decía el filósofo estadounidense Charles S. Peirce que el vocablo *sporting* designa el hecho de salir de la arbitrariedad de la vida. Unas cuantas *reglas* y ya tenemos el *juego*. Y Peirce caracteriza a esa primera salida de la arbitrariedad, esto es, al juego, con la sensación de *incertidumbre*, que tanto nos apasiona.

Considero que el deporte es el condimento o la salsa de nuestra vida. Como señala Stevenson en la cita inicial, los hombres y mujeres no dejamos de medirnos con nosotros mismos, con los demás, y con los elementos. Solo así alcanzamos los placeres que merecen la pena. Este libro pretende ser un encomio de semejante lucha, que llevan a cabo los deportistas y que nosotros, *aficionados* a los deportes, celebramos como propia, tal como celebraba Píndaro los antiguos Juegos Olímpicos. Al poeta invoco ahora para que me ayude en la empresa:

*"Si los juegos deportivos proclamar
deseas, corazón mío,
ni trates tú ya de contemplar
en pleno día astro luminoso, a través del
éter yermo,
más cálido que el sol,
ni nosotros un certamen superior al de
Olimpia cantaremos"*
Píndaro, *Olímpica I*

UN ENSAYO DE BUENA EDUCACIÓN

A modo de presentación

Cuando me asalta una idea lo suficientemente atractiva e interesante como para ponerme a hacer esta cosa tan pesada y a ratos más complicada que una receta china como es pensar, no menos problemas se me presentan a la hora de transcribir tales pensamientos en una hoja de papel. La hora de la verdad es siempre la hora de las formas, y como bien saben los finos estilistas, importa igual o más cómo se dicen las cosas que la cosa que se dice en cuestión. En la literatura, creo, es donde de verdad adquiere relevancia los buenos modales, pues incluso para describir las ocurrencias más soeces la narración debe tener su gracia; y esa gracia es esa atmósfera que es esa imaginación que es, en fin, la fantasía. Pero, sin embargo, todo son formas y formas y formas hay varias, maneras y maneras como comúnmente se dice, y la aparente educación puede resultar tanto dichosa elegancia como mentira ruin, y a los mentirosos ruines no cabe desearles más que, sin ánimo violento, meterlos en el microondas durante un buen rato. Así que, ya como siempre, sólo me queda confiar en que ustedes confíen en mí y aprecien cuánto de voluntarioso empeño derrocho en este afán mío de tratar a las palabras con buena educación, de escribir bien, vamos.

Y es que todo esto lo expongo porque según voy apreciando con mis cada vez más continuas intentonas, es en el género ensayístico en el cual la cuestión de las buenas maneras constituye un elemento esencial. No hay ensayo sin cortesía, y por lo mismo los aprendices de brujos que escriben columnas diarias en los periódicos de marcado color amarillento no podrán conocer nunca el placer de la discreción, porque les falta educación en un sentido amplio y les sobra orgullo de señorito con la conciencia poco tranquila.

Tampoco es mi intención crear malentendidos. Admito que para aconsejar buenos modales no soy precisamente el más indicado, aunque no vayan a pensar ahora que merezco el premio al mejor impostor: bien lo saben los que me conocen. Sea como fuere, ello no obsta a que en esta disquisición plantee justificar el hecho de que les esté hablando de educación cuando reconozco que a veces carezco de ella y, de paso,

pretenda constatar el porqué, precisamente en el género ensayístico es verdaderamente *imprescindible* la buena educación. Mi caso, y el de muchos otros, claro, es una mezcla de timidez y desgana autocomplaciente (otroramente llamada gandulería). Pero dicha combinación no desmiente el hecho, bien al contrario, de que ser educado es siempre quererlo ser, esto es, esforzarse por serlo, *intentarlo*. He aquí la palabra mágica: ¡con el Intento hemos topado, amigo lector! La buena educación es siempre una predisposición a ser elegante en las formas y tolerante en el fondo: así reconocemos la dignidad del otro y de pasada la nuestra, que no está mal. Decir las cosas bien dichas siempre aclara la situación. Lo cual supone un esfuerzo que quizás con el uso continuado devenga hábito consumado; pero al principio es siempre un ir hacia delante. Lo "normal", no me lo nieguen, es tirarse pedos en el sofá, eructar después de beber cerveza, pedir a gritos cualquier cosa y mandar a paseo en el mejor de los casos a la persona que nos resulta molesta. Eso es lo natural y espontáneo; por ello hay que llevar cuidado con los que dicen que es de hipócritas la buena educación y que lo humano es ser natural: este tipo de casos reviste tal naturaleza que lo más conveniente será correr un tupido velo... o si no, qué narices, sigamos su ejemplo y tirémonos pedos por doquier, eructemos con voluptuosa jactancia, etc. No sé.

Considerando así pues que esto de los buenos modales es

cuestión sobre todo de intentarlo, ningún término más adecuado para reconocer en el género ensayístico la inaplazable necesidad de la elegancia, en tanto de gracia como de desafío contenga ésta. El ensayo es, sobre todo, eso: ensayo, es decir, intento (en el lenguaje del rugby, a lo que llamamos aquí "ensayo" los ingleses lo denominan *try*), predisposición, ánimo, ímpetu. El vacío o la nada de la mentira y la desfachatez no rondan muy lejos. Quizás si logramos vencerlas, si la sonrisa bien educada y el coraje que empuja y dignifica el alma pudieran con ellos, groseros, traicioneros e imbéciles. Pero el ensayo es también humor, según decía Chesterton: "El drama o el poema épico pueden llamarse la vida activa de la literatura; el soneto o la oda, la vida contemplativa. El ensayo es la broma". Y como broma de buen gusto, apostaría mil euros contra uno a que nada es más humorístico que el refinamiento que se sabe tal pero que no desdeña continuar siéndolo. La elegancia en la vida es un decir "aquí estoy yo y os respeto, pero no os penséis, soy un *vulgar* ser humano más". Lo elegante de escribir, que es escribir bien, sigue semejante regla: reside precisamente en la paradójica conexión de la frágil y subjetiva verdad de lo pensado con la artificiosa manera convenida de decirlo. De otra forma, la elegancia en el vivir y en el escribir no son más que mezquindad o pedantería.

Juguemos y riamos, pues. Y así, en el papel de escritor me veo

como aquel fabuloso medio apertura galés llamado Jonathan Davies que acabó pasándose al rugby profesional. En pocos juegos colectivos reina la deportividad como en el rugby, que los maestros de la buena educación inventaron hará más de cien años. Recibir el balón, mirar aquí y allá, saber lo mejor y lo peor acerca de las propias capacidades, sentir la *emoción de ser*, decidir pronto, correr y reír sorteando, uno a uno, los feroces placajes de los rivales y, al fin, bajo el frío cielo de un clima británico, cruzar la línea de marca y *ensayar* bajo palos en un Arms Park lleno a rebosar en una cierta tarde de sábado invernal..., apenas el sol acostándose.

EL FANTASMA DE PELÉ

"Quizá hubo un segundo en que negó la inminencia y el tiempo fue marcado y se volvió indeciso, y en el que Szentkuthy vio claros la línea divisoria y el muro normalmente invisible que separan vida y muerte, el único `Aún no´y el único `Ya está´ que cuentan. A veces están en poder de las cosas más nimias, de unos dedos sin fuerza que se han cansado de buscar un bolsillo y tirar de una manga, o de la suela de una bota".

"En el tiempo indeciso", Javier Marías, *Cuentos de fútbol*

De la grata estirpe fantasmal existen dos gamas: una, la que acude oportunamente en nuestra ayuda exigiendo como contrapartida un mínimo esfuerzo por nuestra parte –así el fantasma del *Cuento de Navidad* de Dickens–, y otra, la que en las noches de febriles pesadillas nos resquebrajan la razón con miedos y zozobras -así en todos los monstruosos relatos de Lovecraft. Los primeros, los fantasmas socorristas por llamarlos de alguna manera, tienen algo de héroes: en contra de la imaginería religiosa que asocia la bola encadenada con el castigo de sus culpas, desde una perspectiva moral atenta a la hazaña vital los fantasmas están condenados y encadenados a su naturaleza como los héroes lo están a su trágico destino. Por otra parte, que los fantasmas sean un poco fantasmas, es decir, que hagan fiel honor a la palabra que los designa no viene más que a corroborar un hecho irrefutable: contra los terribles y extraños monstruos de la muerte sólo alguien un poco fantasma para ser fantasma puede entablar combate de igual a igual... Los que en el mejor caso sólo somos meros fantasmillas o fantochetes nos tenemos que resignar a aprender de tales héroes de la vida; puede que entonces, junto a ellos, empecemos a luchar.

Explicaba Savater que cuando el insomnio nocturno lo martirizaba de miedo y horror solía recurrir en un último sueño no menos desesperado a los héroes literarios que había tenido la oportunidad de conocer: Tarzán llamando a los elefantes, Sandokán desafiando al mundo entero, King Kong intentando abrazar el mundo... De este modo, la fuerza de la vida volvía a instalarse en él y podía dormir tranquilo. Ya de mayor, el propio Savater, a propósito, ahora de otros fantasmas esta vez cuadrúpedos y llamados caballos de carreras, llegó a escribir lo

siguiente: "Pero yo sé lo que es la libertad (aunque a veces no acierte a explicarlo) gracias a que frecuento el hipódromo...". Todos tenemos nuestro tesoro de vida y libertad. Encontrar la isla y buscar el tesoro: esta es la cuestión realmente moral de quien ha elegido vivir. Pero ¿fantasmas que socorren? A propósito de Lucrecio, apuntaba Rosset la posibilidad de dividir a los hombres en dos categorías: "los débiles de espíritu, que creen en fantasmas, y los que, aún, poseyendo gran fortaleza de espíritu, creen igualmente en los fantasmas".

Por lo que a mí concierne, en la travesía que emprendí hace años he tenido la suerte de encontrar una de las joyas de mi vida y mi libertad, cuyo fulgor toma un cuerpo vagamente espectral, una figura suspendida en la eternidad del éter. Como habrán adivinado, estoy hablando del *fútbol* y más concretamente de un futbolista. Yo también padecí noches insomnes en las que, aterrorizado hasta la fascinación, me asaltaban imágenes terribles de bestias asesinas, cuerpos mutilados, caras malvadas e incluso desastres apocalípticos... tan exageradamente angustiosas, pero tan verdaderas, que ahora, desde la lejanía, me asustan lo suyo. He llegado a la schopenhauriana conclusión de que vivir, lo que se dice vivir, pasarlo auténticamente bien y auténticamente mal, sólo vivimos de pequeños: la vida adulta y todo lo que conduce a ella no es más que una mala imitación o un intento desesperado y a menudo patético por recuperar la infancia. Mis pesadillas infantiles fueron terriblemente ciertas y si no fuera por su sorprendente radicalidad me consideraría a mí mismo un mentiroso. Pero por suerte, en tal sudorosa tesitura, encontré a mi fantasma, a mi divinidad vigilante, alguien que sólo en mi fuero interno podía estar, algo inesperado. Recuerdo el horror y el último grito sordo de socorro. Apareció una figura que jugaba al fútbol, que hacía maravillas con el balón, que se reía. Sólo reclamaba valor. Era mi héroe: era Edson Arantes do Nascimiento, Pelé.

El fútbol o balompié ha tenido millones de seguidores ya desde Aristóteles, aunque por aquel entonces, según lo poco que sabemos, el juego era un pelín más bruto y podía acabar con la cabeza de alguien como pelota. Heródoto atribuye su invención a los licios. En Italia recibe el nombre de *calcio* porque las primeras noticias que se tienen de la práctica del deporte del pie y del balón se localizan en la antigua Calcis del sur de la península itálica. Bien es verdad sin embargo que el fútbol tal como lo conocemos hoy es una invención británica fechada a mediados del siglo XIX. Desde entonces las reglas del juego no han variado en esencia. Quizá haya sido en estos últimos años cuando el debate sobre la necesaria reforma del fútbol se ha hecho más acuciante; son muchos, demasiados, los millones que se mueven alrededor de un deporte que ha convertido la profesión de futbolista en un negocio del que todo el mundo quiere sacar pitanza. Las

exageradas cantidades de dinero que cobran actualmente los jugadores, no obstante, molestan sobre todo a los socios de los clubs, quienes se indignan tontamente por algo que ellos mismos han contribuido a crear.

Personalmente, mi relación con el fútbol ha sido de las que uno nunca llega a estar cansado, todo lo más relajado. Tampoco me une a él, al menos no prioritariamente, la posibilidad ya advertida por Pla de entablar conversación y promover relaciones sociales que procura la dimensión sociológica del deporte en general y del fútbol muy en particular. Aunque bienvenida sea dicha función, sin duda más pacífica que la de ir a hacer la guerra, por ejemplo, no es lo mismo enamorarse de una mujer que enamorarse de una muñeca hinchable. Sólo los sociólogos pueden llegar a apasionarse por las funciones, sobre todo sociales; también los funcionarios. Pero lo que me interesa, lo que yo quiero de verdad es carne al horno y no plástico al microondas. De tal naturaleza exclusiva es mi idilio con el fútbol que disfruto más, o al menos el goce es deliciosamente diferente, viendo un partido a solas que acompañado (aunque realmente nada hay mejor que la *buena* compañía). No me gusta discutir con quien sólo se conforma con ganar ni tampoco con el recién llegado que aplica sus conocimientos matemáticos de ingeniería botánica para explicarse mejor. Hablar de fútbol, no quejarse del resultado del domingo o de la decisión del árbitro, la verdad es que hablo muy de vez en cuando, aunque en el momento en que veo en los ojos de mi contertulio un centelleo admirado por la jugada de fútbol que acabo de comentar, o una mueca contrariada pero apasionada, le acribillo a discreción y sin piedad con todo mi arsenal de recuerdos, inquietudes y gustos futbolísticos.

Finalmente, unas palabras contra las repetidas críticas marxistas y racionalistas sobre la pretendida alienación que provoca el fútbol, opio del pueblo para las primeras, incomprensible afición de algunas personas inteligentes para las segundas. No es necesario extenderse: para los marxistas, todo lo que ellos no hayan organizado no deja de ser una malévola maniobra del capital; para los racionalistas fanáticos, para los locos, el movimiento y la imaginación siempre han sido enemigos declarados. Sin duda hay imbéciles, quizá demasiados, a quienes gusta el fútbol... pero entenderán que ese no es mi problema. Amo el fútbol, no lo defiendo. De modo que en el momento en que la tristeza y la seriedad, la estupidez y la pedantería vuelven para aniquilarme, aparece de nuevo quien yo quiero, mi valor y mi tesoro: *Pelé haciéndole un gol inolvidable al monstruo del horror y del miedo.*

Por lo común, se entiende que ha habido cuatro grandes jugadores en la breve historia del fútbol, a falta de los que se puedan ir añadiendo en el futuro. En un hermoso artículo publicado en *El País*, Ángel Cappa los definía de la siguiente manera: "Di Stéfano

fue la ciencia; Pelé, la jugada imposible; Cruyff, un manual, y Maradona, un mago".

Quizá haya sido de Di Stéfano de quien he escuchado más y más sinceros elogios. En uno de aquellos libros didácticos sobre fútbol que tenía uno de mis hermanos, Di Stéfano aparece como el mejor delantero centro de todos los tiempos. Mi padre, que aseguraba haberlo visto jugar, no se cansaba de repetir que Di Stéfano fue el único de los grandes en no acomodarse jamás; incluso del cinéfilo Juan Tébar oí decir lo mismo: la Saeta Rubia siempre estaba ahí, dispuesto a dar el taconazo que abre hueco o a marcar el gol de la victoria. Di Stéfano (y otros, claro) hizo grande al Madrid, y para un medio-barcelonista como yo este dato incrementa cierta maliciosa sospecha de que no fue para tanto; si me oyera mi padre me desheredaría al instante, de modo que la cosa quedará sin más en una ligera discrepancia. En segundo lugar, Cruyff. Como único europeo de los cuatro quizá no sea errónea la obsesión calculadora y previsora que se le atribuye. Pero no hay nada pernicioso en intentar racionalizar un juego tan instintivo y físico como el fútbol si el empeño es apasionado, como sin duda lo fue el del Profeta del Gol. Cruyff no sólo nos dejó miles de quiebros y escaramuzas que ejemplifican la inteligencia de un juego considerado en algunos lares para subnormales; a parte de "grande", el holandés ha sido como mínimo dos cosas más: poeta y antientrenador. De lo primero recuerdo un verso sumamente revelador: "Estoy solo ante la portería/y no tengo ni un segundo para pensar"; de lo segundo he tenido la suerte de acudir varias veces al Camp Nou en su mágica época de *míster*. En una ocasión el periodista Feliciano Fidalgo le preguntó a Savater qué sabía de Cruyff. La respuesta del filósofo no fue más que una sincera confesión de ignorancia, pero apuesto mil duros contra uno a que Fidalgo también piensa que Cruyff es, salvando todas las distancias, el Voltaire del fútbol. Por último, el único grande de mi infancia, Diego Armando Maradona, el Pelusa. Quizá el legendario gol que le marcó a la selección de Inglaterra en el mundial de México´86 llegara demasiado tarde para ayudarme en la lucha contra el atroz miedo enloquecedor. De otro modo este texto estaría dedicado a su figura. Maradona volvió "al sol, a la cancha, al balón", de donde nunca tendría que haber salido, como magistralmente escribió otro argentino, Jorge Valdano. Maradona es uno de ellos, aunque personalmente haya tenido que pagar caro su genial destino.

Y, sin embargo, yo soñaba con Pelé. Pelé era el fútbol, Pelé era la alegría, Pelé era a la vez la vida y la libertad. En los años 80 el astro moreno llegó a aparecer en *Victory* ("Evasión o victoria"), irregular pero entrañable película del viejo John Huston, cuyo mejor acierto radica justamente en tal presencia.

Yo amo la leyenda de Pelé que empezó a fraguarse un lejano día

de 1958. En la final del campeonato mundial que Brasil ganó a Suecia, un joven chaval de 17 años cogió el balón a media altura, en el borde del área contraria, de espaldas a la portería, lo paró con el pecho, lo tocó lo suficiente para birlar al alto defensa, entró con un giro en el área chica y antes de que cayera envió un tremendo derechazo que se convirtió en el gol a partir del cual todos los goles son posibles. Su corta edad es una señal más de la madera de que estaba hecho Pelé: todos los héroes han sido precoces e insolentes. En aquel su primer Mundial, Pelé empezó a dictar su gloriosa lección destrozando todos los límites que no fueran los suyos propios. La imagen de Pelé levantado en hombros por sus compañeros, con su primera Copa del Mundo en las manos, llorando de emoción y de contento, es la imagen de su más decisivo triunfo: el triunfo de quien se arriesga a hacer lo que quiere y sueña. Tuvieron que pasar doce años, sin embargo, para que aquel jovenzuelo genial se coronara rey del fútbol, doce años en los que Pelé siguió imaginando goles furiosos que hicieran pedazos el orden de la muerte y jugadas maravillosas que iluminaran el caótico camino de la vida. En el campeonato mundial disputado en México en 1970 Pelé realizó la gesta más sublime, liderando y capitaneando al que está considerado el mejor equipo de la historia del fútbol. En aquella imborrable final contra la selección de Italia, Pelé inauguró el marcador con un espléndido cabezazo, demostración de fuerza y calidad, que sin embargo fue contrarrestado por el temeroso *cattenaccio*. A partir de aquel instante, los dioses se aliaron con los valientes y se levantó el vendaval brasileño: un toque aquí, una pared allí, centro al segundo palo, templanza del balón, chut. Vuelta a empezar: desplazamiento largo, geométrico, suave control, fulminante disparo. Otra vez: veloz apertura a las bandas, corrimiento de espacios, febriles diagonales, solitario remate... En aquella final, que sólo he podido ver por televisión y por Internet en YouTube, se concentra todo lo que el fútbol puede enseñarnos, y no me refiero únicamente a las lecciones que nos pueda dar de cómo jugarlo. Pero hay unos segundos de aquel partido, un gol que ahora no recuerdo si es el segundo o el cuarto del equipo de Brasil... Por una vez, digo, por una vez prefiero la televisión al directo para ver ese gol. Porque ya me dirán a quién diablos pasaba Pelé.

La tarde es soleada en Ciudad de México, el césped brilla de un verde intenso, el 10 amarillo recibe el balón en la frontal del área y gira sobre sí mismo, majestuosamente; alza la cabeza para ver qué puede hacer, pero no hay nadie ahí delante. Oye un rumor, quizá el susurro que tantas noches lo ha desvelado, mientras el público grita. Con un suavísimo y preciso toque abre a la derecha, dando espacio y tiempo. Entonces aparece corriendo aquel viejo y largo lateral derecho, el viejo y largo lateral derecho del mejor equipo del mundo, quien, con la complici-

dad del que comprende el generoso gesto de quien hace lo que sueña, empalma un soberbio cañonazo que descubre un agujero en la escuadra de la portería contraria. Cuando la pelota impulsada mágicamente por Pelé y el pie de Carlos Alberto se encuentran, cuando vuelvo a ver o a imaginar aquella suerte de perfecto triángulo en movimiento siempre recuerdo ahora los imperecederos versos de Keats: *Beauty is truth; truth beauty- that is all / Ye know on earth, and all ye need to know.*

También la segunda imagen que mi memoria ha tenido a bien conservar de aquel partido es la de *O Rei* abrazado a un compañero con el puño en alto en señal de victoria. En aquella instantánea Pelé ya no llora de emoción, ahora ríe, ríe y ríe, como un crío, como el niñato que debutó a los 17 añitos, como el hombrecito que ha sobrevivido al terror y que al fin ha vencido a la muerte. Porque en aquella imagen Pelé no celebra un gol, Pelé celebra la victoria de la alegría, el triunfo de vivir.

Pelé es brasileño, y si nos dejamos llevar por los patriotismos este dato no es del todo baladí, aunque resulta cuanto menos curioso y liberador contrastarlo con la bandera que lo cobija. Lo reconozco, mi Pelé viste uniforme... ¡pero qué uniforme! ¿Qué cara se le quedaría a Auguste Comte si viera que su máxima de orden y progreso impresa en la bandera de la nación es la que ondea mientras cualquier genio futbolístico brasileño pone en duda el positivismo? Porque aparte de Pelé recuerdo por lo pronto algunos talentos más nacidos en la excolonia portuguesa: Garrincha, Jairzinho, Romario, ahora Ronaldinho, luego el que sea... El carácter de este tipo de jugadores, como el carácter de los grandes hombres, no es sólo rebelde: además de impertinente su rebelión está revestida de eficacia. Cuentan de Garrincha hazañas que ilustran lo dicho: corría por la banda con sus piernas patizambas, paraba, dejaba la pelota muerta y empezaba a hacer piruetas sin más pretensión que las ganas de divertirse, cuando el adversario se daba cuenta de ello indignado por la mofa a la que había estado sometido, Garrincha tocaba suavemente el balón con la cabeza alta, esquivaba la embestida del atónito defensa, corría un poco más y empezaba de nuevo su alegre baile... hasta que decidía poner la directa y marcar gol. Cabe imaginar a la gente jaleando tales espectáculos de habilidad. Otra leyenda que conocí de pequeño tenía por protagonista a un médico de profesión con nombre de filósofo que además jugaba al fútbol estupendamente. Sócrates se llamaba, y formó parte de otro memorable equipo brasileño sin la suerte de tener a Pelé en sus filas, me refiero a la selección de Zico y Falçao que disputó el Mundial de España y que cayó tristemente eliminada ante la Italia de Paolo Rossi. Pues bien, dicen que Sócrates tiraba los penaltis de tacón, sin mirar a portería, y que no fallaba ni uno, aunque yo no lo puedo

asegurar. A quien sí he visto jugar ha sido a Romario, uno de los mejores jugadores de área de la historia del fútbol, y haciendo aquel chispeante regate (cola de vaca, lo llaman) que significó el primero de los cinco goles que el Barça le marcó al Madrid una fría noche de enero, y que fueron oportunamente replicados un año después. Ese instante en que Romario recibe el balón, lo enseña y lo amaga y lo empuja al fondo de la red... eso es libertad. Si Albert Camus aprendió las mejores lecciones de ética jugando al fútbol, como enfatiza hoy en día cualquiera, es porque el fútbol no enseña precisamente a ser esclavo de nada. Nadie como estos y otros grandes futbolistas han sabido demostrarlo.

Pero la leyenda más conocida del fútbol, la gesta más asombrosa e increíble que yo conozca fue obra, cómo no, de Pelé. En uno de los insulsos partidos de aquel campeonato del 70, Pelé agarró el balón en el centro del campo, levantó la cabeza y sin pensárselo dos veces envió un fuerte y ajustado disparo que, pese a no entrar, nos dejó a todos boquiabiertos para siempre. Ese gol que no fue gol simboliza a la perfección la momentánea maravilla del fútbol y de la vida. ¿No es sencillamente ejemplar que la leyenda más significativa sea una jugada que no acabó en gol? ¿No debiera esta paradoja servirnos a todos para apaciguar el ansia de ganar muchas veces innoble y para aprender a disfrutar más y mejor de lo que no es más ni menos que un juego entre humanos?

Desde aquel entonces muchos han intentado hacer lo mismo, incluso con mejor suerte, pero sigo pensando que no son ellos, que cuando reciben en la media y vislumbran la posibilidad de marcar desde ahí, es Pelé quien *está* en ellos. No sólo en este tipo de jugadas vuelve a nosotros *O Rei*, cada vez que algún futbolista, ni que sea un chavalín de la calle o el jugador más millonario, sorprende al mundo con un quiebro magistral o una volea portentosa, es Pelé el campeón quien aparece transfigurado. Porque continúa teniendo ganas de intentarlo una vez más, porque sabe que lo importante es ser uno mismo cuando de repente se da cuenta de que en verdad somos muchos y que podemos hacer multitud de cosas, impensables hasta entonces, posibles desde ya.

Contra la pesadumbre, la rutina, el aburrimiento, el miedo, el dolor o la impotencia, siempre aparecerá Pelé jugando al fútbol. Contaba Valdano de un jugador español que cuando éste salía disparado en diagonal hacia la portería sorteando a todos los defensas, le entraba el diablillo en el cuerpo. No era el diablo, Jorge, era Pelé. El *fantasma* de Pelé.

TRIUNFO EN WEMBLEY

A mi padre

Todo empezó una gélida noche de noviembre, cuando ya acabado el tiempo reglamentario Bakero golpeó un balón colgado al área y marcó el tanto que permitía a su equipo acceder a la siguiente ronda de la Copa de Europa, a partir de aquel año oficialmente llamada Liga de Campeones. ¡Qué minutos! ¡Qué gol! ¡Qué suerte! Aquel vetusto y entrañable estadio alemán quedó enmudecido ante el jolgorio de los jugadores del equipo español. Laudrup, Salinas, Begiristain, Guardiola, Juan Carlos... saltaban enloquecidos. *Aquest any sí*, este año sí, pero no la liga sino la Copa de Europa. Lo dijo Bakero, en un alarde de ese sano augurio que no está basado en el fanatismo ni en el fatalismo sino en lo que el filósofo francés Bataille llamaba la voluntad de suerte: "este es nuestro año". ¿Lo será?

Sí, lo fue. Aquel fue su año, el año del FC Barcelona, el equipo que representa ¡no a Cataluña, no a una "manera de ser"! sino a todos los equipos o clubes de fútbol que he amado en mi vida y sigo amando. Pero no quisiera aquí aburriros con exclusivos amoríos que ya ni siquiera a mí me interesan demasiado, yo querría hablaros de lo que significa la Copa de Europa, de lo que es ganar la Copa de Europa, de lo que fue aquella final del 20 de mayo de 1992 que presencié en directo, y también me gustaría hablaros de las lecciones que allí y entonces aprendí sobre el fútbol y tal vez sobre el sentido de la vida.

Nos habíamos quedado en noviembre de 1991, un miércoles lluvioso y desapacible que contrastaba con mi feroz alegría interna. "¿Será posible que por fin...?" Luego pasaron los meses, aquellos meses memorables de mi último curso de bachillerato en Vilanova, aquel COU, aquel marzo en que me enamoré en mi segunda visita definitivamente de Madrid y quizá de algo más; aquellos últimos días de clase y de fastidiosos exámenes en los albores de la primavera de mayo... Fue mi padre quien me espoleó, mediante chantaje. El Barça se había clasificado por tercera vez en su historia para la final de la Copa de Europa, yo acababa el curso el 15 de mayo y hasta la selectividad quedaba tiempo de sobra para poder disfrutar en vivo de un acontecimiento de tal calibre. Además, aquello significaba, también por segunda vez, visitar la ciudad de Londres.

Dejadme que os hable un poco de mi padre, o mejor, de su afición balompédica. Su equipo fue siempre el Hércules de Alicante, pero pasó unos años estudiando y trabajando en Madrid justo en la gran época de Alfredo di Stéfano. Mi padre me enseñó muchas cosas sobre este deporte, cómo había que pegarle al balón, cómo había que jugar con los compañeros, la importancia absoluta de las ganas de jugar, la permanente disposición a estar alerta como la forma más idónea de templanza...Y también me enseñó, a la manera compleja y contradictoria en que nos enseñamos los humanos, a detestar el fanatismo y la estupidez. A mí padre nunca le gustó toda esa parafernalia miserablemente nacionalista que envuelve al fútbol y especialmente al Barça, aunque recuerdo que también tenía sus pecadillos: le costaba reconocer que Platini era un gran jugador, porque era francés; desdeñaba en más de lo justo al Valencia, aunque jugase Kempes, etc. De manera que mi padre era un forofo del Hércules de Alicante, y un discreto, pero no secreto, seguidor del Real Madrid.

Y sin embargo fue él quien me acicateó para ir a Wembley a ver la final, cuando yo tenía ya una edad en la que las relaciones entre padres e hijos suelen ser difíciles... "Si sacas tales notas, te pago el viaje y la entrada". No hacía falta sacar tales o cuales notas, pues me pagó el viaje y la entrada con mucha antelación al resultado final de los exámenes académicos, y ahora sé que cuando mi padre me hizo aquella oferta era a sí mismo a quien se invitaba, él mismo quería estar en la gran final y lo iba a estar, de alguna forma misteriosa, a través de mí. A mi padre nunca le gustó el Barça, ni siquiera demasiado Cruyff ("el pesetero", solía apodarlo), pero no era estúpido y como auténtico amante del fútbol no podía dejar de disfrutar con aquel aflamencado, exquisito y veloz equipo que luego se dio en llamar *Dream Team*: aún conservo en mi memoria gráfica un partido en Balaídos, que el Barça acabó ganando 0-3 al Celta, en el que por primera vez vi a mi padre tan contento por lo que estaba presenciando como seguramente lo estuvo en los años en que pudo gozar del juego de la Saeta Rubia y compañía. De igual modo compartí con él el entusiasmo por la ingenuidad jubilosa del joven Guardiola en un partido de segunda división que vimos una tarde de sábado por televisión y que, curiosamente ("algo que no se nombra con la palabra azar rige estas cosas", como dice Borges), es el partido que Cruyff recuerda cuando habla de Guardiola en su libro *Mis futbolistas y yo*.

Hace poco el Real Madrid se ha proclamado, treinta años después de la última vez, campeón de Europa; lo hubiese apoyado de todas formas, aunque sea contra mi queridísima Juve, pero como homenaje a mi padre y a aquel noble gesto que tuvo conmigo, esta victoria y la forma como se consiguió -que tantas vivencias de las que ahora os voy a explicar me trajo a la mente- redoblaron mi alegría y mi convicción de lo que es importante en el fútbol y en la vida.

Así fue como el martes 19 de mayo de 1992 salimos de la estación de Sants rumbo a Londres, en un autobús lo suficientemente cómodo para soportar 25 horas de trayecto. Esa fue la primera vez que crucé Francia y que vi -¡ejem, a las dos de la madrugada y desde el autobús!- París. También era la primera vez que viajaba 25 horas en semejante medio de transporte, y puedo decir que lo mejor del viaje fueron los paisajes franceses que se veían desde el

vehículo y las bromas con los amigos que me acompañaban. Aún recuerdo, no sin sonrojo, que me pasé el viaje imitando al periodista deportivo José María García, hazaña impropia de mi persona que causó un inesperado jolgorio entre el grupo de unos 40 aficionados que llenaba el autobús. Dentro de este grupo había muchos que mantuvieron de salida una actitud comedida y callada, dados los fracasos que hasta entonces habían jalonado la participación del Barça en las finales europeas. Pero pronto este silencio temeroso se fue tornando en algarabía a medida que íbamos consumiendo kilómetros bajo el cielo de Francia y nuestras imitaciones ganaban adeptos.

Tras una larga noche de festivo insomnio, un día soleado, primaveral y amable nos recibió en los acantilados blancos de Dover. Estábamos en la alegre Inglaterra, donde lo primero que hicimos un amigo y yo fue cumplir con nuestras necesidades urinarias. Dos horas más de monótonas autopistas y llegamos por fin a Londres, la gran ciudad, irreal y cotidiana. Tras sortear el tráfico que inundaba sus calles y avenidas, los autobuses aparcaron junto al estadio donde se iba a disputar la final. Melville escribe en alguna parte que todas las cosas elevadas son tan nobles como nostálgicas. Ahora que miro la fotografía en la que se ven las dos torres que presiden la fachada principal del estadio de Wembley me permito compararlo con un gran navío, con ese *Pequod* que perseguía a la ballena blanca. Pero en esta foto no se ven mares oceánicos ni balleneros que griten "¡Por allí resopla!"; sólo unos cuantos jóvenes que han visto cumplirse un sueño, ansiosamente dispuestos a disfrutar de un partido de fútbol que promete leyenda y emoción.

Teníamos todo el día por delante, pues la gran final no se disputaba hasta las siete de la tarde. Como antes he dicho, lucía un sol magnífico y la temperatura era agradable. Con algunos amigos, fuimos hasta el Soho, a tomar *pints* -para mí, una Guiness adecuadamente servida y degustada-, y a comprar discos en los callejones que forman ese barrio fundado hace años por los hugonotes franceses exiliados tras la matanza de la noche de San Bartolomé.

Aún conservo el directo de Iggy Pop que le compré a un tendero callejero: suena rugoso y un puntico estridente, pero así es cuando se trata de la *Iguana*, que te recompensa de esa leve molestia con dosis impagables de energía, sinceridad y noble ansia de vivir. Luego nos fuimos a Carnaby Street, la emblemática calle del *swinging London*, el Londres floral y pop de los sesenta que vio nacer a la minifalda y en donde, según contaba el cantante de los Kinks "no se ponía el sol": allí, aquel 20 de mayo de 1992, yo buscaba desesperadamente una camiseta con la cara de Buddy Holly y no la encontré. Un simpático señor solventó mis vanas inquisiciones diciéndome amablemente que yo guardaba cierto parecido con el gran músico tejano, pero que lamentablemente él no tenía esa ansiada camiseta ni creía que

ningún otro comerciante la tuviese. De manera que me tuve que conformar, si lo puedo decir así tratándose de *mi* banda de rock favorita, con una espléndida camiseta negra de The Velvet Underground que, todavía visto en ocasiones muy determinadas, dado su estado raído y encogido tras tantos años y tanto camino recorrido.

En fin, a mediodía de aquel día inolvidable (un verdadero *perfect day* como canta Lou Reed) llegó la hora de comer. Nosotros lo hicimos en una pizzería italiana cercana a Piccadilly Circus; la muchedumbre multicolor que había venido a ver el partido, desparramada por la ciudad, lo hacía en otros tantos establecimientos parecidos: por aquel entonces, la mundialización ya estaba en marcha con toda su grandeza y su miseria. Hoy en día, desde el monumento a Venus que preside Piccadilly Circus, se pueden leer en uno de los paneles luminosos situados en el edificio de enfrente algunas noticias, y la temperatura y la hora de algunas de las grandes ciudades del mundo: Singapur, Tokyo, Nueva York, Houston, Buenos Aires. Quizá lo tengo que decir en voz baja, porque la voz que me sale es infantil, pero este vértigo glorioso me conmueve y me emociona, y hasta cierto punto me justifica. Por primera vez, tal vez por primera vez, nosotros los humanos de todo el planeta, es decir, cada uno de nosotros los mortales, podemos considerarnos unidos como antes lo estaban los ingleses, los alemanes, los italianos, etc: aquellos únicos hombres que el reaccionario De Maistre decía conocer. Desde luego, de nada sirve congratularse por sabernos por una vez algo así como una *nación humana* si una part de los vivos de esta humanidad se muere de hambre y de ignorancia. Sin embargo, no consigo reprimir mi felicidad –pueril, si se quiere– cada vez que veo esas luces de neón y leo las noticias, y dentro de mí siento un regocijo tal (en homenaje a Chesterton, autor que yo empecé a leer precisamente en la época de la que aquí hablo, diré que se trata de un contento casi cósmico) que me dan ganas de irme al *extranjero* a conocer, cual turista espacial, a esos desconocidos *guiris* que llamamos, desde Verne y el gran H. G. Wells, marcianos. ¿Habrá algún día en que las diferencias culturales entre humanos y "seres de otros planetas" –con los que, en principio, *nada se puede razonar*– serán reconocidas dentro de un marco común de convivencia y libertad? En ese caso el tonto multiculturalismo de nuestro tiempo tendría el sentido del que carece hoy cuando pretende imponer diferencias entre quienes son igualmente humanos y pueden *entenderse* mediante su razón y su humanidad y por tanto no necesitan esos remilgos. Sin embargo, mi fantástico plan intergaláctico en el que el tratamiento de la diferencia debería de plantearse como una prioridad vital, podría ser obstaculizado por la terrible conspiración de algún malvado Darth Vader, o por la propia idiosincrasia de marcianos, venusianos, uranianos y otros habitantes del espacio sideral. De manera

que dejemos las ensoñaciones de ciudadano despistado y volvamos humanamente al planeta tierra, es decir, a la gran final de la Copa de Europa de 1992.

Dos horas antes del inicio del partido, el hermoso estadio de Wembley ya estaba lleno; en el fondo sur los seguidores italianos de la Sampdoria de Génova, en el fondo norte los seguidores del Barcelona. Fueron minutos muy divertidos, las dos aficiones entonaban sus cánticos mientras los jugadores de ambos equipos calentaban en el brillante césped de color verde. Era una tarde radiante, de luz primaveral. La Sampdoria vestía de blanco, con delgadas franjas azules y rojas en el pecho de la camiseta: para ellos la megafonía dejó sonar un *aria* de alguna ópera de renombre que ahora no puedo recordar. El Barça vistió el glorioso equipaje de color naranja con el que luego quedaría inmortalizado en la instantánea triunfal de los campeones. Yo estaba en una esquina lateral, más o menos a la altura de la segunda gradería: para nosotros, y para todo aquél que tuviese una mínima sensibilidad, sonó *Barcelona*, el tema que Freddy Mercury y Montserrat Caballé cantaban a dúo para celebrar las Olimpiadas que aquel mismo verano iban a iluminar la ciudad catalana. Tanto por un lado como por el otro, música mediterránea para amenizar el gran partido del año, seguida por la gente con indisimulado entusiasmo. Y como yo estaba ahí, puedo decir que no fue para menos. Cuánta razón tiene

Borges cuando señala que el patriotismo es la menos perspicaz de las pasiones. Lo mejor que se puede decir de las aficiones que animaron aquel partido es que, al menos en aquellos instantes musicales, la más perspicaz de las pasiones –la bella emoción- brilló por encima de la cerril patriotería que, hay que reconocerlo, siempre campa por los estadios de fútbol...

Y empezó el partido. Los primeros minutos fueron de claro dominio azulgrana; Koeman sacaba la pelota desde atrás con autoridad y templanza, dejando las tareas de circulación a Laudrup y Guardiola, y el trabajo más duro a Bakero. Juan Carlos, Ferrer y Nando se hicieron dueños de la defensa, con marcajes férreos y concisos a las figuras italianas: Vialli y Mancini. Por la banda derecha, Eusebio manejaba el balón con suavidad y penetración, con la intención de que Salinas o Stoickhov pudieran materializar alguna ocasión de gol. Este fue el planteamiento de Johan Cruyff, que antes de iniciar el encuentro les dijo a sus muchachos: "Salid al campo y disfrutad".

El equipo italiano se agazapó en su medio campo, con una larga defensa de cuatro hombres y un centro del campo formado por jugadores de técnica indudable: Cerezo, Katanec y el rampante Lombardo, que dispuso en sus incursiones por el extremo derecho de las primeras oportunidades de gol para el equipo genovés. El Barça controlaba el partido y la Sampdoria salía al contrataque. Por televisión, el partido parece aburrido; en directo se vivió con intensidad agotadora desde el primero hasta el último minuto.

La segunda parte fue más descontrolada, continuaba el dominio del Barça, pero sin que la pelota se acercase con verdadero peligro al área italiana. Recuerdo aquella jugada de Salinas que a trancas y barrancas casi acaba en gol. Hay que decir que tanto Zubizarreta como Pagliuca actuaron de forma excepcional bajo los palos, con paradas a una sola mano que provocaron la prórroga en que por fin el Barça iba a conseguir el gol de la victoria. Antes de eso, Vialli dispuso de dos clarísimas *chances* en la portería azulgrana, un remate que salió alto a pase de Lombardo y una jugada individual en la que la pelota salió rozando el poste izquierdo. Tengo que admitir que antes de que la bola saliese por la línea de saque me tapé los ojos, pues el esférico negro y blanco siguió una curva extraña y cuando parecía que iba a besar las redes de la portería azulgrana botó para afuera ahogando el grito de los numerosos aficionados italianos que ya cantaban gol. Creo que esa jugada fue psicológicamente definitiva para el bajón de la Sampdoria: a partir de esa ocasión fallida se limitó a defenderse como pudo hasta que una falta provocada por Eusebio Sacristán en el minuto 112 de la prórroga supuso el justamente celebrado gol de Koeman.

Voy a relatar cómo viví yo ese disparo fortísimo y directo que dio la Copa de Europa al Barcelona. Estaba con unos amigos situado justo enfrente de donde se produjo la falta. Yo tenía las manos escaldadas de tanto aplaudir y la voz afónica de tanto animar. Ese era el momento, o íbamos a los penaltis que tanta mala suerte habían traído al Barcelona en anteriores ocasiones. Todos deseábamos que aquella jugada acabase en gol, y así fue. Así fue como la pelota golpeada con exacta potencia por Ronald Koeman cruzó como un relámpago la línea de gol, esa línea que separa el fracaso y el éxito y que puede simbolizar la línea que separa la vida de la muerte. Por fin el Barça había traspasado esa línea invisible y el Gol se convirtió en Victoria. ¿Qué supone un gol como éste? La afirmación del instante irrepetible que nos da el triunfo sobre la muerte, la celebración placentera de nuestra condición mortal por la que nosotros mismos nos damos una verdad de júbilo que ilumina con plenitud vital la sombra inevitable del paso del tiempo. Tan grande fue la alegría en los aficionados azulgranas que me vi envuelto y zarandeado por los amigos con una brutalidad tal que acabó con mis gafas cinco o seis asientos más abajo. Hasta que Alexanco, el capitán, no alzó la Copa de Europa al cielo de Londres, no recuperé la visión adecuada del lugar. Luego, contentos y satisfechos, embriagados, salimos fuera del estadio de Wembley camino del autobús que nos devolvería a Barcelona.

Esto sucedió hace diez años cuando escribo esto. De ese tiempo acá, he dejado de ser aficionado del Barcelona. No me gustan demasiado las religiones y ya no me apetece ser fiel a ningún club toda la vida. Me niego a eso. Prefiero animar al que ataca, y al que procura jugar bien, al que potencia el talento y la espontaneidad y no al que se cierra mezquinamente. "Lo criticable es una empresa que sólo tiene sentido cuando acabará", dijo el escritor francés Bataille, "no el querer ir lo más lejos posible". Durante el período en que Cruyff fue entrenador del Barcelona seguí a este equipo, *mi* equipo, con entusiasmo y devoción. El juego alegre y preciso de aquellos futbolistas enamoró a mucha gente: cada partido era una promesa de felicidad, y algunos una verdadera gesta épica. Pasión e inteligencia unidas por la voluntad de suerte. Partidos heroicos como el 5 a 0 al Madrid en el Camp Nou, o intensísimos encuentros contra el Valencia o el Atlético de Madrid, o sencillos partidos de buen juego y goles, en tardes frías de febrero o en soleados días de abril. Y sobre todo aquella final de mayo en Wembley, que he intentado narrar tal como la recuerdo.

Hay ocasiones en la vida que nos la hacen plena y vibrante; luego queda la leyenda como una forma impersonal de la nostalgia. Saboreando la alegre melancolía que aún desprende ese día legendario, me gustaría acabar brindando por mi padre ausente con una buena *pint*. Gracias, papá.

REY DE REYES

Este año el partido más importante de cuantos se celebran en Europa entre clubes de fútbol enfrentaba al Real Madrid y a la Juventus de Turín, dos de los equipos más *míticos* que en el mundo han sido. *Juve-Real: il maximo*, titulaba un periódico italiano pocos días antes de la gran final de la Copa de Europa. ¡La Copa de Europa! Para un aficionado al fútbol, al menos europeo, nada hay más precioso que este partido, con sus casi cincuenta años de existencia, su elegido grupo de vencedores, sus hermosas ciudades de acogida, sus estadios llenos de aroma futbolístico y, ¡ay!, también de catástrofes de todo tipo... Con perdón de Brasil, soy de la opinión de que la final de la Copa de Europa es por muchas razones incluso más intensa que cualquier encuentro de la Copa del Mundo.

Real Madrid-Juve, nada más y nada menos. La *squadra* de Turín partía una vez más como favorita: tercera final consecutiva, dos triunfos recientes en su haber (85 y 95), los mejores jugadores europeos (Zidane y Del Piero) y un entrenador tan inteligente como equilibrado. *Paura!* Y enfrente, enfrente el Real Madrid, el legendario equipo de Alfredo Di Stéfano, con el serio lastre de haber parado su marcha triunfal por Europa, y es en Europa donde un equipo se hace grande, justo en la sexta copa, hace ya más de ¡30 años!

La ciudad elegida para albergar la finalísima fue Amsterdam, cuna de Johan Cruyff, esa especie de Voltaire del fútbol, residencia del no menos heroico equipo de nombre griego: el Ajax. Amsterdam tiene en la figura aún más relevante de Spinoza una leve conexión con nuestro país. Como es sabido y repetido, parece ser que el autor de la *Ética* provenía de una familia de judíos marranos asentados en Portugal, seguramente expulsados de la península a partir de 1492. Refugiados en Amsterdam, allí nació don Benito, quien, rechazado a su vez de la comunidad judía a la que pertenecía, dicen que escribió su alegato de defensa en castellano. Spinoza, además de ser amigo del liberal y demócrata Jan de Witt, frecuentaba una tertulia de exiliados españoles entre los que sobresalía el sevillano Juan de Prado. No fueron fáciles las relaciones del ilustre filósofo con aquella España que declaró querer visitar, pues por aquí existía por entonces una santa llamada Inquisición que, aburrida, se dedicaba a entrometerse en la vida de los demás: Spinoza estaba *fichado* merced a algunos supersticiosos y chivatos redentores.

El fútbol también tiene su inquisición, la gente que lo toma por religión de sus respectivas iglesias (léase clubes de fútbol o, aún peor, naciones) a las que profesan estricta obediencia y fidelidad. Quienes rebajan de esta manera el deporte del fútbol a sacrosanta adhesión no suelen saber jugarlo y ni mucho menos amarlo. Un partido de fútbol puede sin maravillar llegar a emocionar si uno toma partido, pero tomar partido suele ser un obstáculo que impide la emoción del fútbol incluso en el más hermoso de los partidos. El compromiso del verdadero amante del fútbol no se establece, pese a sus inevitables querencias con tal o cual equipo, ni siquiera con tal o cual jugador, sino con una idea del fútbol que atañe antes que nada a la nobleza de espíritu, a la *grandeza*. En Barcelona intentó demostrarlo –y por varias veces lo consiguió, sobre todo en aquella estrepitosa derrota en la que se le ocurrió reír- Johan Cruyff, pero como al otro holandés también lo expulsaron los inquisidores de turno.

Empezó el partido en el Amsterdam Arena y, ay, yo no estaba allí. Sólo he asistido de momento a una final de Copa de Europa, la que el FC Barcelona le ganó el 20 de mayo de 1992 a la Sampdoria de Génova en la catedral del fútbol mundial, Wembley, Londres, y que desde entonces me alimenta sin cesar para seguir animando a los equipos que consiguen alcanzar tan inolvidable *match*. Y otro 20 de mayo, seis años después, el Madrid volvía a saborear la gloria de *estar ahí*: eso ya es mucho y quizá lo sea todo. ¡Pero qué extraño se hacía ver por fin al Madrid en la gran final! A un equipo tan mitificado hasta el abuso ya era hora verlo jugarse el todo o la nada en un solo encuentro, una vez desechado el yugo esclavizador de la historia. "Lo más auténtico de uno mismo es su posible, que su

historia sólo desprende parcialmente..." creo recordar que dice en alguna parte Valéry.

La Juventus, mi querida *Juve* (es hermoso que a un equipo llamado Juventud lo apoden en Italia "La Vieja Señora"), empezó arrollando. Zidane, mi actual jugador favorito, francés de ascendencia argelina, estuvo a punto de marcar, pero como el año pasado lanzó fuera y se quedó sin gol. Impetuoso, el equipo italiano salió a ganar desde un principio, y leal al ardor de su propio nombre, no desistió hasta el final, cuando los dioses parecían haber decidido ya el ganador. Del Piero apenas apareció, porque en su camino se cruzó Hierro, y con Hierro el Madrid empezó a ganar la final. Cortó y avanzó con firmeza y generosidad, todo poderío; el equipo no se amilanó y perseveró en su ser: se reconoció y reconoció el momento. Se alegró entonces de poder disfrutarlo, *hic et nunc*, y siguió buscando esforzadamente la victoria con lo que Bataille llamaría voluntad de suerte y que tanto tiene que ver con el uso imaginativo de la razón.

¡Ah, el Real Madrid! Cuando parecía que la Juve se recuperaba e iba a hacer buenos los pronósticos, una azarosa jugada dio el triunfo al equipo blanco. Mijatovic templó una pelota rechazada, regateó con clase al portero y la colocó suavemente con la zurda en el palo contrario: gol. Gol, gol de Copa de Europa, gol eterno e irrepetible, gol *real*. Por fin, tantos años después, campeones de Europa, en lo más alto del trono.

Después la celebración, las estupideces, la grandilocuencia de las estadísticas, los anodinos artículos como éste.

Visto *sub especie eternitatis*, pienso que cuando la pelota impulsada por Mijatovic en aquel glorioso minuto veinte de la segunda parte entra en la portería de la Juventus, el Real Madrid (sus jugadores, sus aficionados, los amantes del juego del balompié) consigue algo más hondo y menos prestigioso que la séptima Copa de Europa: sabe que vive y en cierto modo se sabe inmortal. "Hoy no es sólo hoy" escribió con elegante acierto Javier Marías, pero no somos eternos precisamente por los réditos del pasado ni por los créditos del futuro, sino porque somos radical, activo *presente* mortal. Como señaló Stevenson, quizá es tan importante permanecer rebelde al recuerdo como rebelde al olvido. El Real Madrid volvió a jugar y tal como en el célebre verso de Borges, en aquel justo momento se libró una vez más "de la metáfora y del mito". Así hizo eterna la realidad de aquella noche, y, aumentando más realmente la a la entonces sólo mitificada Juventus su potencia de obrar, consiguió la Victoria. Seguramente se trató del mejor partido de la temporada, incluso visto *sub especie televisionii*. ¡Salud, rey de reyes!

ESPLENDOR EN LA HIERBA

Reseña

Algo vuela hacia el sol y no se sabe si es la pelota o si es la misma tierra
Baldomero Fernández Moreno

A Javier Marías se le puede perdonar todo, incluso -y ya es perdonar- que sea aficionado del Real Madrid. Porque gracias a este dato el señor Marías nos ha brindado a todos los amantes del deporte del balompié una selección de textos más o menos breves que están llenos de emoción, recuerdo, humor y fantasía.

No supone ninguna novedad resaltar la peculiar maestría literaria de Marías; sí lo es sin embargo leerla al servicio de un tema abusivamente tratado (el adverbio se queda corto) en los *media*. Por eso resulta tan grato y revulsivo, por eso produce temblor y hasta una pizca de orgullo comprobar que nuestro querido deporte rey no tiene por qué estar reñido con la alta literatura, como no lo están otras actividades de mayor solera y tradición (pienso por ejemplo en las piezas que cada año Fernando Savater escribe sobre el Derby Day, la famosa carrera de caballos). Y es que hasta ahora casi ningún gran escritor o artista -olvidemos a los oportunistas de hoy en día- han hablado bien del fútbol: un deporte jugado y seguido por las clases más bajas de la sociedad, un juego afeminado y traicionero, un deporte simiesco que se practica con los pies y no con el cerebro y las manos, etc.

Ante tal avalancha de insultos, a los futboleros no nos bastaban ya aquellas palabras de Nabokov cuando rememoraba sus años balompédicos en Cambridge: "Oh, desde luego tuve mis días brillantes y vigorosos: el magnífico olor del césped...". Tampoco nos bastaba el aliento trágico de Camus, que viva siempre en nosotros, también portero como Nabokov pero no en los cielos grises de Inglaterra sino bajo el sol azul de Argel. Es decir, teníamos dos porteros de primera categoría, incluso algún centrocampista memorable como Montaigne (quien en un pasaje de sus ensayos utiliza "el juego de la pelota" para fabricar una comparación con el hecho de dialogar). Pero nos faltaba alguien ofensivo, repelente, impertinente, quisquilloso, alguien que incordiase a nuestra enemiga la muerte y a todos sus mortecinos burócratas, alguien que ya no sólo se defendiera celebrando sus recuerdos futbolísticos de juventud sino que se fuera al ataque para volver a ganar esa juventud que, como bien dijo el poeta, es sin duda nuestro más divino tesoro.

Pues bien, voilà, ese ser ofensivo se llama Javier Marías y es, ciertamente, nuestro delantero zurdo, nuestro Gento o nuestro Luis Suárez, o mejor aún, nuestro Garrincha o nuestro Antognoni. Ha escrito una fiesta de libro del que los aficionados estamos esperando ya nuevas entregas y donde habla de los inevitables Barça y Madrid, de la voluntariosa pero ineficaz selección española, de los mundiales y las eurocopas, de la gran final de la Copa de Europa

de clubes (que sigue siendo la cumbre de todas las temporadas, final a la que en una ocasión asistí para ver triunfar en directo al Barcelona en el estadio más bello del mundo, el añejo Wembley, situado en Londres y a fecha de hoy cerrado para ser ultramodernamente remodelado...). Marías recuerda cuando jugaba a chapas con su hermano, y al increíble Di Stéfano, y por la vía diletante nos entretiene hablando de los uniformes de los equipos, de los himnos nacionales, de las idiosincrasias de los clubes. Aquí un amago, allí un pase en profundidad, más tarde un desmarque y, ¡pronto!, un remate a la red. Así escribe Marías y así se juega, con desparpajo, con temple –y sobre todo con corazón.

Hay dos artículos y una idea en Salvajes y sentimentales (Aguilar) que me gustaría subrayar. La idea consiste en comparar el fútbol con las películas y los géneros cinematográficos. Es una apuesta arriesgada que el escritor sabe sin embargo desarrollar hasta lo hermosamente exacto, como cuando pone en paralelo los respectivos 5-0 del Barça y del Madrid con la épica de las películas del oeste y en concreto con la áspera pero sabrosa y sabia melancolía de Grupo salvaje de Sam Peckimpah. Protagonista indiscutible de dichas tragedias fue el presuntuoso, pesetero y marrullero Johan Cruyff, que no por nada ha representado, ha sido, durante la última década el personaje más revolucionario, más apasionado y más imprescindible del fútbol en España y en el mundo. Esa fiesta del ganar y del perder, esa extraña paradoja de la repentina tristeza que sucede a la victoria (fue Kafka quien escribió sobre el "fracaso del éxito") y de la sorprendente alegría que sobreviene en el fracaso (¡la carcajada áurea de la que habla Nietzsche!) es una de las lecciones no menores que el fútbol también puede enseñar, y esa lección se resume quizá en aquello que el barón de Coubertin expresó sobre la importancia de participar, como si el éxito que todos deseamos se diese entonces por añadidura, inesperadamente, en un redoble triunfal en el que un íntimo agradecimiento anula por completo al rencor.

Los dos artículos que he mencionado tratan uno sobre la patada que el jugador y actor Eric Cantona propinó a un hooligan y el otro sobre las estancias infantiles de Marías en el pueblo de Soria. Pero yo diría que ambos textos hablan de la dignidad, o del amor propio que lucha y se entrega. Y, es que, entre tanta bazofia televisiva, entre tanto millón indecente, entre tanta histeria nacionalista y tribal, hay en el juego del fútbol algo que también pertenece a la esfera de lo noble y de lo libre. Una vez leí un reportaje sobre la miseria y el hambre en Sierra Leona. Allí se decía que pese a toda la desventura de África todavía se veía a gente "haciendo el amor y jugando al fútbol". Creo que desde ese viejo rincón nuestro que se empeña en celebrar su juventud y su vida a pesar de los pesares ha escrito Javier Marías este libro, para todos y para nadie, para quien lo probó y lo sabe.

PEQUEÑA TEORÍA DE UN GOL

En la breve historia del deporte del balompié ha habido goles hermosos, goles audaces, goles aparentemente imposibles, goles de rebote, goles con la cabeza, con la espuela, de tacón. Recuerdo el inolvidable gol que Pelé fabricó en la final del Mundial de 1958, cuando tenía 17 años: recibió el balón en el borde del área, de espaldas a la portería, y tras hacerle lo que en la jerga futbolística llamamos un *sombrero* al defensor que lo encimaba (pasarle el balón por encima), remató de volea al fondo de la red. Está también el largo y caluroso gol de Maradona contra Inglaterra en el Mundial de 1986. Tras sortear a la carrera a varios jugadores desde el centro del campo el controvertido astro argentino se adentra en el área y encogido por la presión de tres defensores cruza la pelota al palo contrario de la portería.

De la cantidad innumerable de goles que habremos visto los que disfrutamos del fútbol, estos goles espectaculares justifican en más de un sentido nuestra afición. Aquí espectacular equivale a monstruoso, a lo que se muestra y a lo que hay que ver: estos goles son los que nos sirven para decirles a quienes sólo ven vulgaridad y tedio en el juego del balompié que también en el césped futbolístico puede lograrse la belleza y la más noble emoción vital.

En la final de la Copa de Europa de este año que enfrentaba al

Real Madrid contra el Bayer Leverkusen, celebrada en Glasgow el 15 de mayo con toda la incertidumbre y pasión propias de tan dichoso evento, aconteció uno de estos goles que alimentan nuestro no demasiadas veces correspondido amor por el buen fútbol. Su autor fue el mejor jugador actual del mundo, el francés de origen argelino Zinedine Zidane, y sobre los gloriosos segundos del antes y del después del hermoso momento que marcó ese gol fabuloso quisiera ofrecer una breve reflexión.

Empezaré describiendo la jugada que a la postre supuso el noveno triunfo del Real Madrid en la Copa de Europa. En un artículo publicado en El País, Javier Marías ha señalado que ese gol de Zidane pertenece a la categoría de lo sobrenatural, porque la jugada que lo inició no tenía la intención de llegar a portería y traspasar la meta contraria, sino que a través de cierto arrojo y cierto ímpetu la pelota fue aproximándose poco a poco hacia la portería alemana hasta que finalmente, como caído del cielo, Zidane pilló el balón rebotado en el borde izquierdo del área y con la semivolea más limpia y eficazmente hermosa que yo he presenciado jamás coló la pelota en la red. Como escribe Marías, fue un gol nacido del azar, algo improvisado, completamente inesperado, pero por todo eso mucho más conmovedor aún. Allí donde la suerte y la voluntad se juntan, decía el filósofo francés Georges Bataille, nace el amor que supera la angustia de la muerte. Tal encuentro amoroso y

fugaz fue el que se produjo en el gol de Zidane, cuando éste impacta con su pie izquierdo el balón aéreo que había salido rebotado, y lo manda haciendo una parábola casi mágica al jubiloso fondo de la red.

Ese partido lo ganó el Madrid 2-1, emulando en la victoria al legendario Madrid de Di Stéfano, Puskas y Gento, encumbrado precisamente en el vetusto Hampden Park de Glasgow en 1960, al vencer por 7-3 al Eintracht de Frankfurt. El rey de reyes había vuelto a triunfar.

Considero que el Gran Partido de Fútbol, el partido que mejor transmite ese ánimo y esa atmósfera, es la Final de la Copa de Europa. No creo que ni siquiera la final de un Mundial se le pueda igualar: ahí hay todavía demasiado patrioterismo en juego como para que la alegría del fútbol pueda explotar con todo su esplendor. Desde luego ha habido equipos excepcionales, el Brasil del 58, del 70 y del 82, la Holanda del 74, la Francia del 84 y del 98, la Argentina del 86, la Hungría del 54, etcétera. Pero yo me quedo con la promiscuidad cosmopolita de los clubes, que representan la pluralidad de una ciudad y no la homogeneidad de una nación.

La atmósfera de una final de Copa de Europa no tiene parangón, pues de algún modo viene a resumir y a encumbrar en un solo día y en un único partido al mejor equipo del año.

Antes de empezar cada final europea recuerdo un poema de

Keats en el que el joven poeta inglés declama algo así: ¡Oh tú, que has sentido el frío aire del invierno en tus mejillas, para ti la primavera florecerá y será tiempo de cosecha! No otra cosa distinta promete la liga invernal de fútbol que desemboca el tercer miércoles de mayo de todos los años en la gran finalísima de la Copa de Europa. El fútbol, pues, no es sólo un deporte. Es también, como dicen los ingleses, un romance, una historia de amor. Cada año empieza prometiendo leyendas y gloria, aunque en muchas ocasiones los partidos acaben enfriándose y tratemos de olvidar lo sucedido lo más rápidamente posible.

Pero si yo busco todos los años la prueba de mi amor por el fútbol en el partido ideal de la Final de la Copa de Europa, ¿qué buscamos cuando queremos marcar o celebrar un gol? O dicho con más sencillez: ¿qué es un gol? Un gol simboliza el triunfo de la vida sobre la muerte. Hay un cuento de Javier Marías en que se describe muy bien el simbolismo que marca la línea de gol. Ese límite que separa la victoria de la derrota, el triunfo de la decepción y, metafóricamente, la vida de la muerte, compendia toda la emoción del balompié. Bertrand Russell señala que la competición no desmiente la nobleza del juego cuando se establece un cierto respeto por el contrario. Creo que esta nobleza es la que le hizo decir a Camus que las lecciones de moral más importantes de la vida las había aprendido jugando al fútbol. Tal es el valor que los antiguos

griegos atribuían a sus héroes caídos en desgracia: "No es un perdedor el que muere, sino un posible vencedor".

Pues bien, hacer un gol no supone adquirir el billete para el cielo, pues con el gol no se acaba el partido. Un equipo puede lograr un tanto, pero en seguida ser goleado por el equipo adversario. Cuánta razón tenía Cruyff cuando señalaba en sus tiempos de entrenador del FC Barcelona que el fútbol es un deporte en el que gana el que marca un gol más que el contrario. Por eso nos gustan tanto los partidos que terminan 4-3, 5-2, 3-1, aunque otro entrenador, Ángel Cappa, rizando un poco el rizo, dijera en una ocasión que el partido ideal tendría que acabar en empate a 0.

Lo cierto es que los goles son la salsa del fútbol, pero también es verdad que una millonada de tantos no asegura un buen partido de fútbol. De ahí la opinión de Cappa, que fue ayudante de Valdano en el gran Tenerife de mediados de los noventa. Es verdad que algunos partidos de pocos goles han podido ser un partido emocionante. Pero esto es porque además del buen juego hubo ocasiones de marcar: sin estos momentos previos al gol, que las jugadas elaboran buscando la portería contraria, no puede haber nada bonito en el fútbol. Después, si hay suerte y la pelota entra, se produce el éxtasis, pero como éste siempre suele estar acompañado de ciertos sentimientos de venganza o resquemor hacia el adversario conviene no dejarse cegar por el objetivo. Por eso, el gol más fantástico y que más han querido emular todos los jugadores de fútbol fue un gol que no fue gol: un disparo que se inventó Pelé un día soleado del Mundial de México 70 desde el centro del campo en un partido contra Uruguay, y que no entró en las redes de la portería ajena por muy poco.

Aunque aquel balón no se coló en las redes, todo el grito victorioso del gol está en ese gesto y en esa pelota que vuela hacia el cielo y cae. Los antiguos griegos se referían a la ocasión propicia para aprovechar los goces de la vida con el nombre de kairós. No quiero ser falsamente bonachón y decir que lo que cuenta es la intención y no el resultado. No, el resultado importa y mucho, pero más que el resultado lo que de verdad importa es la manera como se consigue, que por lo demás suele favorecer a la corta y a la larga los buenos resultados. Esa bonita y eficaz manera de aprovecharse del kairós es lo que enseñan las jugadas que pueden no acabar en gol, como aquella inolvidable de Pelé, pero que señalan el camino ideal para hacer goles que no sólo signifiquen el triunfo personal de un jugador, sino que a la vez sirvan como homenaje victorioso al juego que se practica.

El gol que Zinedine Zidane marcó el 15 de mayo en Glasgow al Bayer Leverkusen (Vila-Matas, a pesar de ser culé, estará de acuerdo conmigo en que estas zetas mágicamente árabes emparentan al jugador francés, en más de un sentido, con aquella hermosa Sherezade que para no morir se pasó contando historias durante

mil y una noches) fue un gol de esta clase. No sólo supuso a la postre el triunfo del Real Madrid, sino que por añadidura supuso la victoria de la belleza futbolística, tantas veces ausente de los rectángulos de juego, y que en día como éstos, ¡en una Final de la Copa de Europa, además!, nos devuelve a quienes empezamos a disfrutar del fútbol siendo pequeños aquella emoción infantil e infinita que todos hemos tenido que abandonar de alguna forma al hacernos mayores.

Esa emoción alegre, casi loca, incondicional y estruendosamente jubilosa es la emoción vital del gol, del fútbol, de la vida vivida a través de los verdes campos de césped de los estadios donde se juega al balompié. Cuando Zidane empalmó, con su bella zamarra blanca y su elegante giro corporal, el balón que Roberto Carlos había bombeado al área, no pensé nada. Quizás inconscientemente di ese balón por perdido; tal vez en la tercera gradería, entre miles de aficionados, lo podrían encontrar al final del partido. Pero no, ese balón dibujó una volea fulminante y entró como una exhalación en la escuadra derecha de la portería alemana. Fue un gol hermoso y decisivo. Inesperado, liberador, irrepetible.

Mientras celebraba la jugada que acababa de presenciar, Zidane empezó a correr hacia el público como al galope humano. Y mientras en televisión, sólo en televisión, repetían el gol, tuve que restregarme los ojos. Cuánto hacía que no veíamos un gol soñado.

Cuánto tiempo llevábamos esperando poder decir: ¡Qué bonito!

LA VICTORIA DE LA ROSA

No pudo ser, aunque se estuvo cerca. La tarde fue soleada y a juzgar por las imágenes que nos llegaban de la BBC hacía frío en Lansdowne Road el domingo 30 de marzo. Los equipos de rugby de Irlanda -el Quince del Trébol- e Inglaterra -el Quince de la Rosa- se disputaban la victoria en el torneo más legendario del rugby mundial, el 6 Naciones. Era el último partido, el enorme desafío, todo en un partido: el prestigioso Grand Slam (ganar todos los encuentros), la Triple Corona (vencer al resto de contrincantes británicos) y ganar por supuesto el Torneo. La tarde parecía propicia a un buen espectáculo, y el calor deportivo del público se fundía en el aire de Dublín con la gloriosa incertidumbre del desenlace ignorado.

Me fui bajo una leve llovizna a un pub irlandés de la plaza de Castilla de Barcelona. Debía de haber una cincuentena de personas en el local, jóvenes y adultos, hombres y mujeres (pero casi ningún niño), la mayoría británicos. El partido daba comienzo a las tres de la tarde y una nítida pantalla de grandes proporciones presidía la sala donde la gente comía sus toasties (una especie de sandwich) y bebía panzudas Guinness y genuinas Brown Ale. Antes de iniciarse el encuentro, mientras sonaban los himnos y una señora (que no supe averiguar quién era) saludaba en televisión a los jugadores, le pregunté, por matar el rato, a un hombre con los brazos tatuados que estaba acodado en la barra del pub, quién iba a resultar vencedor: "Ireland", fue su sonriente y escueta respuesta.

Y esa era la convicción de la mayoría de aficionados al rugby del mundo (y de los pocos que quedamos en España). Es verdad que Inglaterra se presentaba con un conjunto muy compensado, plagado de figuras, sólido en defensa y rompedor en ataque. Así lo atestiguaban las oficinas de apuestas de Londres. Desde 1991, tras tres décadas de continuos traspiés, la selección del Quince de la Rosa ha vencido en casi todas las ediciones del 6 Naciones, igualando prácticamente el historial de la más gloriosa selección que haya jugado nunca este torneo afamado: el País de Gales de los años setenta liderado por Gareth Edwards (algo así como el Di Stéfano del rugby) y JPR Williams.

Pero a diferencia de aquel equipo esta Inglaterra carece de glamour: su juego ha sido muchas veces anodino, y aunque haya pasado sin remisión por encima de casi todos sus rivales, no ha levantado la misma pasión ni admiración que otros conjuntos que marcaron época.

Y enfrente estaba Irlanda, una selección que desde 1985 no sabe lo que significa ganar el Torneo o la Triple Corona, pero que desde hace unos años cuenta en sus filas con un jugador de primera categoría internacional: el centro Brian O´Driscoll, imprevisible y veloz como una centella. Tras algunas actuaciones memorables en torneos anteriores, O´Driscoll había capitaneado este año a su equipo hasta el partido-cumbre, hasta el decisivo encuentro con el cielo o el infierno, hasta la lucha gallarda contra el archirrival sobre el sagrado césped de Lansdowne Road. Ah, vieja Erín, nuestros corazones palpitaban por ti...

Pero no pudo ser y las apuestas se confirmaron. El partido empezó animado por el aliento de los aficionados, con un drop del apertura irlandés David Humphreys (3-0), lo que levantó el clamor en la grada y nos permitió seguir soñando. Pero Inglaterra iba a demostrar pronto su poderío: ensayó bajo palos por medio del nº8 Dallaglio a los pocos minutos y se defendió con bravura de las enfáticas pero ofuscadas arremetidas del adversario. O´Driscoll franqueó en varias ocasiones la primera línea defensiva inglesa; los tres-cuartos movieron el balón con peligro hasta casi las esquinas rivales del campo, pero en los últimos metros se toparon con un muro de contención. Faltó un poco más de atrevimiento y por tanto algo más de suerte. Al descanso Inglaterra ganaba 6-13, dirigida por la batuta magistral de su apertura Johnny Wilkinson, el jugador más imaginativo y preciso del partido y el mejor del Torneo.

Repostamos religiosamente nuestras Guinness en la barra y suspiramos por un ensayo determinante de O´Driscoll. En la BBC apareció nada menos que Jonathan Davies, el apertura genial que llevó al País de Gales a la conquista del tercer puesto en el Campeonato del Mundo de rugby de 1987. Hoy Davies comenta los partidos en la cadena pública británica. "En buena hora Jonathan", exclamé levantando mi vaso oscuro, "por tu grandísima culpa estoy aquí". El árbitro dio el pitido de rigor y empezó la segunda parte.

Y entonces acaeció el vendaval, no el huracán céltico que casi todos anhelábamos, sino la lenta e inmisericorde galerna del Quince inglés. Hubo una jugada del partido que me recordó un episodio cómico de tantos de Astérix en Bretaña: tres o cuatro jugadores irlandeses se lanzaron como depredadores hambrientos encima del ala Greenwood, pero éste logró zafarse inverosímilmente del masivo asalto, como el Obélix nativo de la poción mágica. Un poco más tarde era este mismo jugador el que posaba por dos veces el balón ovalado en la zona de marca rival, haciendo añicos nuestros sueños... Ni los gritos de ánimo del público, ni el empuje de O´Driscoll o del zaguero Murphy, ni la salida al campo del apertura O´Gara (más ágil y de juego más profundo que Humphreys) consiguieron evitar que los puntos fuesen cayendo como las manzanas de Newton del lado inglés, hasta el 6-42 definitivo. Y el capullo de la Rosa floreció con esplendor en Dublín, como si fuese una cursi, pero tierna tautología.

"Pienso en las rosas, en los desafíos, en la niebla", escribe Savater en el Diario de Job. Seguiremos deseando con paciencia medieval el resurgido triunfo de Irlanda en el viejo Torneo de las 6 Naciones, mientras leemos a los antiguos filósofos de la verde Erín que conservaron el legado clásico de Grecia, como aquel Juan Escoto Eriúgena que meditó sobre la división de la naturaleza en el palacio de Carlomagno. Antes de salir del pub de la plaza de Castilla, comento el partido que acabamos de ver con un hombre ya entrado en años. Parafraseando a Bob Marley y achacando la ausencia de marcas del Quince del Trébol a su falta de acierto en los metros finales, le digo como otra cualquier banalidad: "No try, no win". Hay que intentarlo, hay que seguir intentándolo.

(Al año siguiente Irlanda volvió a conseguir 19 años después la Triple Corona. Varios años después se ha llevado el Grand Slam, título que no lograba desde 1947)

BAJO LAS ESTRELLAS DE GALES

Un sábado, en París, no en el Parque de los Príncipes sino en el nuevo Estadio de Francia, la selección de rugby galesa venció a la francesa 18-24. Tres victorias lleva, en este Torneo de las 6 Naciones el equipo de las tres plumas de dragón, o lo que sea que haya en el escudo. Tres también lleva Irlanda, máxima favorita habida cuenta de que Inglaterra sin el apertura Wilkinson y su retirado capitán ha perdido muchos enteros desde que ganó el primer mundial para el Norte hace año y medio en Australia. Yo vi ese partido en un *pub* inglés de Sitges. Francia continúa sacando buenos jugadores, Dominici sigue por ahí. Pero carece de una selección compacta, aunque el año pasado ganó el Torneo.

Irlanda era la máxima favorita (estuvo a un paso de ganar hace dos años, pero perdió en casa ante Inglaterra), pues viene de adjudicarse el año pasado la Triple Corona. O´Driscoll lleva persiguiéndolo desde hace tiempo ya. Pero hete aquí que País de Gales ya los ha vencido, a los dos grandes, Francia e Inglaterra, y si gana en Escocia la próxima jornada podría darse el caso de que venciendo precisamente a Irlanda en la última jornada (el partido puede presentarse como una final como hace tiempo no se daba, al menos en estas condiciones de tanta incertidumbre y nostalgia), el País de Gales se proclamaría vencedor del Torneo, del Grand Slam (todos los partidos ganados) y de la Triple Corona (vencer al resto de conjuntos británicos), todo junto.

Irlanda, que cuenta con el veloz y ágil apertura O´Gara y con el centro más prometedor del rugby mundial, O´Driscoll (una auténtica bomba de rugby), no gana el Torneo desde 1985.

El País de Gales ha ganado sus dos últimos Torneos en 1988, cuando también se adjudicó la Triple Corona en un campeonato gloriosamente jugado por el imborrable apertura Jonathan Davies, y en 1994. Pero en ambos campeonatos el Torneo lo compartió respectivamente con la Francia de Serge Blanco (considerado uno de los mejores zagueros de todos los tiempos) y con la Inglaterra que a principios de los noventa ya apuntaba la posibilidad de ganar un Mundial y dominar la década arrolladoramente, como así fue.

Pero para décadas arrolladoras, la de los años setenta del equipo del País de Gales: la mejor selección de rugby que hayan visto los ojos de nadie jamás. Y en efecto, es desde 1978 (retened la fecha) que el equipo de mi corazón no gana el Grand Slam.

¿Alguien se imagina cómo puede ser la tarde del sábado 19 de marzo de 2005 en Cardiff, no ya en el vetusto y entrañabilísimo Arms Park, sino en el algo pomposo, pero ya sabroso Millenium Stadium? Si Gales vence, ¿se hundirá de emoción el flamante nuevo estadio y tendrán que construir otro? ¡Allí habrá gente que vio cómo Gareth Edwards, el medio melé de aquella selección y el jugador que según las revistas especializadas podría considerarse el mejor de todos los tiempos, y otros jugadores generosos y maravillosos como JPR Williams, ganaron por última vez en aquel lejanísimo 1978 el Grand Slam! ¡Por Dios, qué digo, si allí estarán los mismos Gareth Edwards y compañía!

En fin, si Gales no pierde en Escocia el próximo sábado, que

todo puede ser..., ¿se anima alguno a acompañarme a ir a Cardiff el 19 de marzo? Sé que es difícil, pues a lo mejor ya no hay entradas, porque los aviones vete a saber cómo van, porque dónde dormir (aunque esto es menos problema), etc. Bueno, sea lo que sea, amigos, quedáis avisados. De momento, la sola esperanza me hace gritar: "¡Hip, hip, hurra!"

* * * * * * * * * * * * * * * * *

Dylan Thomas escribió:

"We will ride out alone, and then, under the stars of Wales,
Cry, multitudes of arks!"

El sábado 19 de marzo de 2005 la selección galesa de rugby volvió a ganar el Grand Slam del Torneo de las 6 Naciones, veintisiete años después de lograrlo por última vez, con aquel glorioso equipo que durante casi una década reinó en el deporte del rugby como ningún equipo lo ha hecho antes ni después.

Fui con un amigo a ver el partido final al *pub* Finnegans, en la plaza de la Reina de Valencia. Tanteé ir a Cardiff al Estadio del Milenio, viejo Arms Park, pero la entrada más barata en reventa por Internet superaba los 600 euros. Todavía no soy multimillonario.

La pasión es un arco tensado que cuando ama, ríe o llora lanza multitudes de flechas. Así fue como celebramos ese inesperado triunfo de nuestra amada selección, la que más ha hecho por la afición al noble deporte del rugby.

Escribe Dylan Thomas en *Bajo el bosque lácteo*:

"Sólo tú puedes oír y ver, tras los ojos de cuantos duermen, los movimientos y los países, los laberintos, los colores, los duelos, los arcoiris y las melodías, los vuelos y deseos, las caídas, las desazones y la vastedad de los mares de sus sueños.

Desde donde estás, puedes oír sus sueños".

Durante la mañana del domingo siguiente estuve leyendo las crónicas por Internet del diario inglés *The Independent*. Cuál fue mi sorpresa cuando vi que una de ellas estaba firmada por el fabuloso apertura galés Jonathan Davies, a cuyo efusivo y alegre juego debo principalmente mi pasión por el rugby.

Exhausto, ya casi sin oír ni mis propios sueños, recuerdo de aquellas crónicas una frase final. Después de tantos años de cabalgar tantas veces solo por el lado apasionado de la vida, y tropezar y caer, y levantarse, y tropezar y caer y...

La frase era: "And now, Good God, here we go again". Me fui a dormir, sobre las doce del mediodía, y no me levanté hasta las ocho de la mañana del... lunes siguiente, para ir a dar clase al instituto.

Sí, amigos. Otra vez.

MARAVILLOSA NOCHE EN EL GARDEN

Ayer de madrugada, a las tres, empezaron las finales de la NBA de la temporada 2007-2008, Celtics-Lakers, como las de los años ochenta, cuando nosotros empezamos a jugar al baloncesto. A las tres de la madrugada, por Cuatro, en abierto -maldito Canal +, que nos quitó el rugby y la NBA, aunque ésta nos la ha devuelto. Cuando conectaron con el pabellón de los Boston Celtics, el nuevo Garden, se podía respirar a miles de kilómetros la atmósfera del viejo Garden, casi europea. Con un poco de imaginación, hasta se podían ver aún algunas volutas de los cigarros puros de Red Auerbach revoloteando en el aire. Solo esto ya fue estremecedor. Y no digamos el principio del partido, con el público enfervorecido, la primera canasta desafiante de Gasol, y después todo el partido. Especialmente cuando Pierce (que no Peirce, que es el fundador de la filosofía del pragmatismo) se lesionó, volvió y venció. No sé qué más puedo decir. Mis palpitaciones es que Boston hará valer, como ayer, el factor cancha y ganará esta final, como es tradición entre los Celtics y los Lakers. Ahora bien, es posible que esto no suceda hasta el séptimo partido. Boston es un equipo mucho más veterano, conjuntado, y que una vez llegado a la final después de veinte años, con el factor cancha a su favor, difícilmente dejará pasar la oportunidad. Como ayer sí hizo en parte Los Angeles, que perdonó por dos veces, en el tercer cuarto, más si cabe por errores ofensivos -mala circulación del balón y falta de definición- que por errores defensivos. Si además Bryant no juega bien, poco podrán hacer, a no ser que Pierce se lesione definitivamente. Quizá LA tenga más oportunidades después de esta final. No ganando ayer, perdió una oportunidad inmejorable para dar un paso de gigante hacia el Anillo.

No es que me guste este vaticinio, porque, de hecho, con todo el respeto y admiración que me infunde el legendario orgullo verde, yo he sido siempre más *laker* que *celtic*. Mucho más. El sol más que la niebla. California más que el Este. El amarillo más que el verde. Y sobre todo Magic Johnson más que el gran Larry Bird, y por supuesto mucho más que Jordan. Esto último merece una explicación. Cuando yo jugaba a minibasket, en el puesto de base, con diez, doce años, era casi tan alto como los que entonces jugaban de pivots. No es que yo fuera especialmente mágico, pero sí inventivo, y podía llegar a tener el mismo control de la situación y mover el balón de forma parecida, y *enchufarlas* con una mecánica de video. Luego me quedé en el 1,80, y hasta llegué a jugar de pivot ya al final de mi carrera como federado a los diecisiete años. No hubo más. Por todo esto pongo a Magic Johnson por encima del resto: de antes, de entonces y de después. Él tiraba tan mal como yo cuando pasé al baloncesto normal. Conservaba aun trazos del estilo de tiro de los años sesenta, ja ja. Qué cosas.

Ayer por la noche, de madrugada, me di, pues, este lujo. Lujo que no se va a repetir, porque todos los siguientes partidos los darán por el canal de pago. Parece que a España todavía no ha vuelto la vieja escuela, ni siquiera en forma de *revival.*

"PAU GASOL, 24 PUNTOS, 10 REBOTES..."

Esto es lo que estaba leyendo Ramón Trecet en Radio Marca cuando al gran periodista deportivo y musical se le quebró la voz y no pudo continuar. Y es que estaba leyendo las estadísticas en un partido de la NBA del jugador de baloncesto Pau Gasol, pero no de cualquier partido, sino de uno de la serie final por el título, el famoso Anillo de la NBA que finalmente, en el quinto partido, el jugador de Sant Boi logró con Los Angeles Lakers contra Orlando Magic (4-1). Este curso deportivo ha sido pródigo en fechas deportivas señaladas, aunque sin alcanzar la gloria de la Eurocopa pasada, que ganó la selección española de fútbol. En cambio, en cuestión de clubs, hemos podido por fin ver ganar al Barça una Copa de Europa sin ninguna duda, y frente a un grande como el Manchester United. Me dirán que el pase contra el Chelsea en Londres fue discutible: vieron otro partido al que yo vi. El gol de Iniesta fue justo y apoteósico. Se fijaron en el árbitro, vaya por Dios. Por mi parte, hacía más de diez años que no celebraba un gol del Barça así, como celebré el de Iniesta. Y no creo que celebre uno igual en muchos años -celebré efusivamente los dos de la final de Roma, pero no es lo mismo. Va también por Guardiola, al que hace más de diez años vi hacer un gesto impropio, y que, desgraciadamente para todos, de política no es que no sepa mucho, es que no sabe nada. Pero él ha sido quien ha culminado esta temporada gloriosa para su club.

En cualquier caso, el acontecimiento deportivo del curso ha sido sin duda para mí el anillo de la NBA de Pau Gasol con los Lakers. El año pasado escribí una nota titulada "Maravillosa noche en el Garden", y así lo sentí, aunque perdieran los Lakers, que yo prefiero a los Celtics.

Este año por primera vez hemos podido sentir más cerca que nunca lo que significa ganar un anillo de la NBA. Yo a Pau Gasol no le reprocho esencialmente nada desde que ganó el Mundobasket´06 de Japón: quiero decir en cuanto a títulos, porque para empezar toda su carrera, desde que se fue a EEUU, y aun antes, no ha dejado de admirarme. Y es que yo soy uno de esos niños cuyo *sueño americano* empezaba por la NBA. En el curso 87-88 organizamos en la escuela básica una especie de All-Star: yo era *Sleepy* Floyd, de Golden State Warriors, de Oakland, San Francisco, la ciudad grande más cercana al lugar de donde era mi hermano americano, que hoy vive en Sacramento, y porque *Sleepy* Floyd se

parecía a mí en lo de "*Sleepy*", y porque aquel año o el anterior había sido All-Star con un equipo menor, batiendo el récord de puntos en un cuarto de un partido de playoffs, precisamente contra los Lakers, que todavía conserva. D. A. era Michael Jordan; J. B. era Dominique Wilkins. No sé si J. M. se pintó la camiseta de los Knicks de Pat Ewing, ni qué jugador eligió J. C., o los otros. Pero, en fin, jugamos a una especie de Concurso de Triples, y no recuerdo si a uno de Mates en las canastas de minibasket. Tampoco si hicimos un partido al estilo Este-Oeste. Pero pasamos un buen rato. Me gustaría saber quién en España o en Europa entonces organizaba algo así en su escuela, en los dos últimos cursos de EGB. No estaba loco, no estábamos locos.

Junio de 2009: Pau Gasol, de un pueblo relativamente cercano al mío, seis años menor -debían de cursar 2º de EGB por aquel entonces este tipo y compañía-, pivot de Los Angeles Lakers, 24 puntos, 10 rebotes en la victoria de su equipo (3-1) contra Orlando Magic en la final de la NBA, que ganaron el pasado domingo 14.

Aparte de jugar en el equipo de la escuela, yo me subía muchas tardes a la terraza del inmueble donde vivía, en la que mi madre tendía la ropa y había unas cisternas con agua. Con una pelota pequeña de plástico, a veces con una de tenis, y un bote de detergente recortado como canasta, me pasaba horas y horas jugando yo solo a baloncesto, sin botar, en la que los hilos de tender marcaban la línea de los tiros de tres puntos. Me montaba una liga de varios equipos, regular y con eliminatorias finales a siete partidos, y jugaba conmigo mismo y contra mí mismo, los dos equipos a la vez, imaginariamente. La liga era, por supuesto, la NBA. Los equipos, de aquel entonces, Lakers, Celtics, pero también Supersonics, o 76ers, o Bullets, o Rockets, o Pistons, o Golden State Warriors. Me gustaban los partidos con muchos puntos, 129-116, por ejemplo, de modo que me tiraba horas, muchas tardes, como he dicho. Hay por ahí alguna foto que me hizo mi hermano americano o quién sabe quién ni realmente cuándo. Se pueden imaginar entonces que..., en fin, que yo también me quedo mudo.

Debo decir, por cierto, que yo aprendía mucho jugando de aquella manera al baloncesto. Lo digo por aquellos que en seguida quieren agua caliente en las duchas, unas zapatillas Nike y un brillante parquet para lucirse, porque si no, ellos no juegan. A veces pienso qué es lo que pensaba entonces, cómo decidía los partidos -que, naturalmente, retransmitía de viva voz lo más dramáticamente posible. ¿Siempre ganaba mi equipo preferido? ¿Me enfadaba conmigo mismo cuando, jugando yo solo, perdía mi equipo favorito? Ahora me parece increíble, pero debía de ser así. Hace unos meses, aquí en Elche, en una pista al aire libre que hay en un parque de palmeras cercano a mi casa, probé de imitar aquello y hasta que mi vergüenza adulta aguantó, sí, me

di más o menos cuenta de que sí, debía de ser así: una especie de justa espontaneidad, de control de las emociones sin menoscabo del deseo subjetivo parcial, por un lado, y de la cuasi objetividad de la eficacia técnica, por otro.

Diría que esto es el deporte: "fuente de ennoblecimiento del espíritu", como dijo Reagan, locutor deportivo en su juventud. En fin, se acerca el verano y lo hace con una música un poco caótica, "but it sounds like Lakers spirit, and I like it".

SIEMPRE QUISE IR A LA

Pablo Gasol Sáez, Pau Gasol, lo volvió a hacer. Volvió a ganar el Anillo de la NBA. Ya han pasado un par de meses. Los Angeles Lakers empatan en anillos con Boston Celtics y van a por otro más el año que viene.

Las Finales de la NBA 09-10 fueron históricas, una final entre Lakers-Celtics jugada hasta el séptimo partido. *Old school.* Yo fui de los que puse en duda el paseo triunfal que a principios de temporada muchos auguraban a los Lakers. No hubo paseo triunfal. Los Lakers solo tuvieron factor cancha en la final porque enfrente estaban los Celtics, que en unos playoffs antológicos habían eliminado a los favoritos del Este, Cavaliers, poseedores del récord de la temporada regular, y Magic, sucesivamente. Solo porque Gasol hizo lo que hizo en el último cuarto del último partido los Lakers son campeones. Mike Dunleavy, en *Los Angeles Times*, así lo escribió, aunque el MVP fue, por su actuación global, para Kobe Bryant.

Siempre quise ir a LA y ver un partido de estos. ¡Cuando yo jugaba al minibasket de forma gloriosa yo era Magic Johnson o Bob Cousy, tanto monta, monta tanto! Pero una vez más tuve que conformarme con verlo por televisión, esta vez por un nuevo conducto, la televisión a través de Internet. Escribía atdhe.net, ya mítico conjuro, y me iba a la retransmisión que ofrecía por Internet la cadena estadounidense ABC. Había también canales chinos, húngaros, suramericanos. Luego abría la página de marca.com y enlazaba con la retransmisión escrita de los partidos, a la que los lectores-espectadores podíamos añadir comentarios, como así hacía de vez en cuando. Me quedaba despierto hasta la hora de inicio del partido y al terminar, si tenía clase, me duchaba y me iba ya para el instituto. Esto fue dos o tres veces. Aun maltrecho y protegido por el omeprazol, me lo pasé bomba.

Los Lakers ganaron 4-3. Ganaron el primer partido en el Staples Center, que ya puede ponerse a la altura atmosférica del viejo Forum de Inglewood. Perdieron el segundo, con una gran actuación del alero de los Celtics *Sugar* Ray Allen y de su banquillo. El banquillo de los Celtics no fue suficiente para rematar la faena en Boston, del que había dicho el gran Charles Pierce, *The Truth*, que ya no saldrían. El tercer partido fue por esto decisivo, y la estrella fue el veterano base Derek Fisher, actual presidente del Sindicato de Jugadores nacido, como yo, en 1974. Fue el suyo un último cuarto maravilloso y a la postre uno de los grandes momentos de las finales. Exageradamente zurdo, Fisher dio un recital de madurez y baloncesto clásico, anotando puntos decisivos que conservaron la diferencia que los Lakers se habían ganado durante el partido. Al final, lo entrevistó una reportera de televisión y, entre sollozos, Fisher no pudo más que decir: "Amo este juego".

Los dos siguientes partidos fueron un banquete verde. Al borde de la eliminación, los Celtics pasaron por encima de unos lánguidos Lakers. De nada sirvieron las actuaciones de un Bryant jordanesco. Todo quedaba visto para sentencia en Los Ángeles, y allí los Lakers ganaron los dos partidos y se llevaron el Anillo de Campeones. En el primer partido, sexto de la eliminatoria, uno de los pivots de los Celtics se lesionó a causa de la presión física y ambiental a la que les estaban sometiendo los Lakers. Luego todo fue un recital *laker* y la última palabra quedó para el último partido. La fiebre amarilla tenía el camino allanado, pero, como en varias ocasiones durante las finales, dio la sensación por momentos de que los Lakers se carcomían agarrotados por la tradición victoriosa de los Celtics en este tipo de partidos entre ambos. Solo Magic Johnson, en los ochenta, había logrado romper la rotunda hegemonía verde instaurada en su tiempo por Bill Russell, y ni Kobe Bryant ni ningún otro parecían ahora sobreponerse al peso de la historia. Pero llegó el último cuarto, con ligera ventaja para los Celtics, y algo *mágico* sucedió. El portaestandarte fue Pau Gasol. Nada más empezar, canastón en medio de la botella. El frágil chico de Sant Boi se transformaba en el monstruo que conocemos en España como ET, dicho sea, en memoria del malogrado y llorado locutor Andrés Montes.

La primera mitad del último cuarto fue un toma y daca con las espadas en alto. Los Lakers reducían la ventaja de los Celtics, que había llegado a ser de unos diez puntos. A falta de unos seis o cinco minutos, la diferencia era ya solo de unos tres puntos. Los Angeles logró empatar por una primera vez, pero Boston no se rendía.

Y entonces llegó, para mi gusto, el *momento* de las Finales. Con 61-64 y balón para los Lakers, los Celtics se pusieron en una defensa un poco zonal. Los Lakers, magistralmente enseñados por Phil Jackson, movieron el balón y cortaron como los ángeles, hasta que la pelota le llegó de manos de Gasol al viejo Derek Fisher, quien se levantó desde detrás de la línea de tres puntos y con su zurda divina clavó el triple. "*Bang!*", exclamó el locutor de la ABC. Todo el pabellón, más de 20.000 enfervorecidos *aficionados,* se vino abajo. O más bien arriba. 64-64. Un segundo empate que significaba esta vez el fin del partido y el fin de los Celtics. No quedaba ya prácticamente otra opción bajo ese ambiente. Boston tampoco anotó en su siguiente ataque ni en el posterior y Bryant metió cuatro puntos seguidos que dejaban el marcador en 68-64, ventaja que fue más o menos la misma con la que terminó el séptimo y definitivo partido de las Finales, tras otro triple maravilloso de Ron Artest, un canastón legendario de Gasol y un rebote ofensivo crucial también de Gasol y dos últimos tiros libres de Vujacic. 83-79.

Los Angeles Lakers, campeones de la NBA por decimosexta vez (5 anillos en los 50 en la franquicia original de Minneapolis, 5 anillos en los 80 más uno de los 70, y 5 anillos en la primera década del siglo XXI).

Un compañero de profesión, casado y padre, pero joven, también aficionado a los partidos de la NBA por Internet y a filosofar mientras los contempla, una vez en una cafetería me dijo:

-Es que los partidos de la NBA duran 12 minutos cada cuarto, eso no es.

No sé si los partidos de la NBA duran demasiado, o si importa mucho que duren doce minutos o es mejor que duren los diez del reglamento FIBA. No lo sé, pero, para acabar, exclamaré a la manera de Nietzsche: "¡Es así, amigos, es así!".

¡VIVA EL FÚTBOL!

"¡Gooooooooool! Memorable, celestial, divino, eterno Iniesta. Al 11 de juego [de la segunda parte de la prórroga], llegó diabólico Iniesta para el remate de una vida. El beso de la gloria. La caricia de la eternidad. Y a Dios pongo por testigo, al mundo entero: quiero llorar, quiero gritar, quiero abrazar a España entera. Qué grande es nacer español. Al fin, al fin, al fin lo conseguiremos. España 1 - serás eterno, Iniesta, serás inmortal, Iniesta-, Holanda 0. Viva, viva, viva España!"

Alfredo Martínez, cadena de radio Onda Cero, 22.55 aproximadamente del 11 de julio de 2010

España, la Selección nacional de fútbol, ha ganado el Mundial 2010 disputado en Sudáfrica. Ha ganado su primer campeonato mundial. La Copa del Mundo ya está en España.

Futbolísticamente, la Selección, como ha dicho Xavi Hernández, no ha estado de sobresaliente, pero sí de notable. Ha sido el campeón menos goleador de todas las ediciones. El juego no ha sido el mismo que desplegó en la anterior Eurocopa 08, en la que salió también campeón, en un torneo dramático y excelente. El equipo de Del Bosque ha sido un poco más defensivo, con un jugador más por detrás del balón, un equipo más estirado en el campo y menos atractivo que el equipo de Aragonés en la Eurocopa. Pero la esencia se ha conservado, los jugadores eran casi los mismos, los nuevos han aportado si cabe más calidad, y Del Bosque ha

aportado su sello, en este caso su conocido y eficiente oficio, su viejo sentido competitivo del fútbol. Esto ha hecho ganar al equipo español un torneo que, sin duda, es lo máximo no solo en el fútbol sino en el deporte en general para todos aquellos que no somos estadounidenses.

La historia de la Selección en los Mundiales se resume relativamente bien: primer KO en 1934 en cuartos de final contra Italia, la actual tetracampeona. 4º lugar en 1950 en Brasil. Dos participaciones seguidas con posibles -se ganó la Eurocopa del 64- en la década de los 60, cuando el desarrollo económico. Y participación tras participación desde 1978, cayendo en primera fase, superando la primera fase, cayendo en cuartos de final por tres veces como repetición de la eliminatoria del 34, ganando todos los partidos de la primera fase, cayendo en octavos de final, no perdiendo ningún partido, pero sin lograr nunca el pase hasta las semifinales y la final, salvo en este Mundial 2010 que acabó bañado en oro.

Toda la prensa española, regional, local, nacional, deportiva, y la extranjera, se hizo eco del triunfo español. No fueron titulares demasiado originales, "Campeón" o "Campeones" fue lo más escrito. Me gustó el de Lance, de Brasil, que a pesar del pobre bagaje goleador apreciaba el juego español afirmando que había revalorizado el espíritu mundialista, así como el de Los Angeles Times: "The long wait is over". También me reconocí en el de Le

Parisien: "L´Espagne dans la legende". Hubo otro muy parecido: "Les espagnols dans la legende".

Llama la atención, obviamente, que The Independent de Londres sacase en portada nada más que una foto de Mandela, resaltando la oganización sudafricana, sin mencionar quién había ganado el Mundial, o que el domingo de la final The Times no llevase la noticia de la final en portada. Los demás diarios londinenses publicaron lo que todo el mundo publicaba, el día de la final y el lunes siguiente. Especialmente intensos, de los que yo vi, estuvieron The Daily Telegraph y The Guardian. Un diario deportivo italiano remarcaba que España era también campeona del mundo, además de europea. De la prensa de información general española, cabe destacar el titular de El Mundo: "Nuestra España... de aquí a la eternidad". La Razón tituló el lunes 12 de julio: "¡Gracias, España!".

Si durante la Eurocopa 08 se pudieron ver todavía algunas banderas tricolores de la República del 31, muchas banderas con el emblema del toro de Osborne -una marca comercial de vinos, después de todo-, varias banderas preconstitucionales del águila, algunas de países de gente inmigrada a nuestro país, y otros símbolos y lemas un tanto extremos ("No parar hasta conquistar" era el más llamativo), en esta ocasión la mayor parte de banderas en Sudáfrica y sobre todo en Madrid el lunes día 12 de julio eran banderas nacionales con el escudo de la Corona constitucional;

eran banderas constitucionales, banderas nacionales, más alguna con el toro, con el águila, con el escudo del Real Madrid, alguna asturiana, alguna catalana, y alguna sudamericana, más chupa-chups de plástico gigantes de la época de Cruyff en el banquillo del FC Barcelona.

La bandera nacional de la Constitución de 1978 no es precisamente la bandera tricolor del 3. Lo siento mucho. Es la bandera con la que se sublevó manu militari el General Franco como ya he escrito e, intentado explicar en otro lugar. Es la bandera del bando nacional, ahora con el añadido de la Corona surgida ex novo en la figura de Juan Carlos I. Tal como preveían las Leyes Fundamentales de 1947 y 1967. Es la bandera franquista remozada en constitucional por medio del Reino o Estado monárquico establecido y previsto en ambas leyes franquistas y vigente con el Rey Juan Carlos I como Jefe de Estado desde 1975 a 1978. Simplificando, en estos tres años se pasó del águila franquista, que todavía sella la Constitución de 1978, a la Corona constitucional, que aquélla implanta como Jefatura de un Estado ahora constitucional y democrático. La bandera nacional era más o menos la bandera del Reino de España desde que la impuso Carlos III como pabellón naval en 1783, tras la victoria de los nuevos Estados Unidos de América sobre Gran Bretaña, y recogida como bandera nacional en la Constitución de 1812. Es la bandera del himno nacional, el himno de los "jovellanistas" y no el de Riego: es la bandera de La Marcha Real.

No deja de ser ilustrativo que las celebraciones del lunes 12 de julio en Madrid, en las que, repito, la mayoría de banderas eran todas nacionales al viento, banderas españolas con la Corona constitucional, limpias y sanas, claras y brillantes, portadas por gente esforzada y alegre, no fueran retransmitidas por la cadena de TV La Sexta. En cambio, estuvieron todas, desde Tele 5, Cnn+ y Cuatro hasta Antena 3 -que fue por donde seguí mayormente la velada, ¡con el hijo de aquel que cantó el gol de Zarra!- y Veo7, pasando por Intereconomía y Libertad Digital.

Debo confesar que aun con el Mundial empezado estuve más atento a la final de la NBA entre Lakers y Celtics que al Mundial propiamente dicho. Y esto hasta el mismo día del debut de España, mientras yo dormía porque en la madrugada anterior había estado viendo el Game 6 de unas finales históricas. En la madrugada del jueves al viernes ganaron los Lakers el 7º partido con un Gasol finalmente estelar, cosa que el sábado solo fue portada en gran formato y fotografía justo en La Razón y ABC (no vi los de Barcelona, pero allí en todo caso solo sería por lo local), con titulares bien bonitos como por ejemplo "Furia española en Los Ángeles" en ABC.

¿Qué grande es nacer español? Eso exclamó el narrador del España-Holanda en Onda Cero. Pero yo no tuve ese pensamiento.

Todo fue muy rápido, o quizá es que es una sensación que no cuajó en pensamiento. Desconfío de los que la tienen cuajada, porque yo no la tengo. Quizá algún día. Quizá es que yo me dediqué al basket y el Oro en el Mundobasket de Japón ´06 sí lo sentí más personalmente y esto no. Quizá, quizá, quizá...

Pero puedo tener, no obstante, otra sensación bastante más fuerte, aunque no menos ligera, que se asemeja más a lo que más o menos sentía realmente durante el periodo posterior al grito del gol de Iniesta y al gesto de rabia cordial que hice inmediatamente y semiconscientemente al vecino en cuya casa acababa de ver el gol. El partido no había acabado aun, pero estaba casi hecho. Muy hecho.

Fue salir a la terraza, en una planta baja, junto al mar, un poco mirar al cielo, entre feliz y estremecido, arriba, muy ligeramente. Intenté respirar suavemente y profundamente en solo un instante el aire fresco de España entera, el infinito cielo oscuro de mi país, del universo entero hasta donde la vista y el pensamiento alcanzan, si es que en ese momento me quedaba pensamiento; intenté ver luego, cuidadosamente, el final del partido, cómo la Selección ganaba la Copa del Mundo, la Dorada, la más hermosa de todos los deportes, locamente cuerdo en un rincón de mi pueblo, corriendo a casa de mis padres junto a la playa en la noche de todos los tiempos.

Ahora recuerdo cómo viví el gol de Iniesta. Navas ha empezado a correr para adelante y, en mi memoria, se la pasa a Fábregas [se la pasa a Iniesta, que se la da de tacón a Fábregas], y le digo, "continúa", pero algo no me deja acabar, y entonces se la pasa a Torres [se la pasa a Navas, que se la da a Torres], que centra, y me pongo de pie, y le cae a Fábregas y se la abre a Iniesta y esto, me callo absolutamente (laissez faire, laisser passer), tiene que ser gol, sé que eres tú, Iniesta, Andrés, por favor; y la controla y se la pone y, ay que la manda a la grada, estas jugadas es habitual que acaben en la grada, pero aguanto callado, y, no, chuta y es gol..., la ha tocado el portero pero es gol, Dios mío, y el árbitro lo da, lo ha dado, lo ha dado, me fijo porque nos lo ha puesto difícil, quizá demasiado exageradamente difícil, es gol, es gol, gooooooooooool, y veo que Iniesta se lo dedica corriendo a Jarque, y salí a la terraza, junto al mar, viva España, el cielo, el aire, estoy exhausto, y, bajo Dios, le tomo la mano a un vecino feliz, son de Manresa, no sé qué decir y como que miro al cielo oscuro y es hermoso y grande este cielo, como que es hermosa y grande esta suerte de España, alegría en todo el país, y entro otra vez y veo llorar a Iker, o ya lo había visto, no puedo recordarlo exactamente, y oigo "qué cabeza fría", o había sido al salir, no recuerdo, y va a sacar Holanda, dice mi vecino que son ocho, no son ocho, bueno, bueno, y pasan unos segundos, cuesta de creer, cuesta de creer, pero lo creo, y tanto que lo creo, ja, ja,

vaya risa que me da, y se acaba. Hay más, hay mil cosas más pero no tengo palabras y estoy cansado. Madre mía de mi vida, el Mundial, padre, la Copa del Mundo de fútbol, es nuestra, padre, la más bonita de todas, campeones del mundo, madre mía cómo está la gente, madre mía qué alegría, no me lo puedo creer.

¡Qué grande es la tierra de España, áspera pero querida, bajo el sol del universo!

LA EDAD DE ORO

Decía Daimiel, el periodista especializado en baloncesto, que mucho antes de seguir la NBA él era seguidor del Atlético de Madrid. Del mismo modo, puedo decir que mucho antes de dedicarme al baloncesto yo me dediqué brevemente a otros deportes, como atletismo y natación. Al que más tiempo dediqué fue al fútbol, dos años, jugando como lateral derecho con gente dos años mayor que mi edad. Pero esto ya lo he explicado creo recordar en otro texto.

Pero lo que no he explicado quizá es que antes de tener una bandera del Barça cuando la Recopa del 82, mi primer uniforme de un equipo de fútbol fue el uniforme completo de la Selección Española que me regaló mi padre cuando yo debía tener entre cuatro o cinco años. Un uniforme muy querido por mí, todavía con las medias negras y el águila en el escudo -que lleva como sello oficial la Constitución original de

1978-, de una textura rugosa pero especialmente mágico o mítico.

Me lo puse alguna vez, pero como era el único de mis amigos que tenía uno así, pues fui dejando de ponérmelo hasta que ya me venía pequeño cuando el Mundial 82 del Naranjito, una mascota cuya serie de dibujos animados apenas seguí, pero que nos sirvió para jugar muchas veces como si yo fuera un monstruo apodado "Naranjito" que perseguía a mis amigos, compañeros de clase, una vez que ellos, estando yo en el suelo, me llamaban "¡Naranjito, Naranjito!" y yo me transformaba, como Hulk, en aquella mascota. Bueno, esto es tan patético como el hecho de que en Primero de EGB me adjudicara la capitanía de un equipo o algo así de por vida (hasta Octavo), lo cual implicaba el derecho a elegir primero, o como el hecho de que en Segundo el maestro, a instancias de mi madre, me prohibiera escribir sobre fútbol en los textos libres que había que entregar los lunes, y como yo cada lunes hacía hasta entonces.

Tras la infravalorada Eurocopa del 84, con final amargo en París, quité mi poster de Platini - que dice mi hermana recordar, porque yo no, seguramente recortado de un Don Balón-, y ya con diez años, me pasé al basket. A Don Balón le siguió Gigantes.

No he tenido otra camiseta de un equipo nacional hasta que en el verano de 2005 me compré en Castellón una camiseta de la Selección de baloncesto. Para la gente del basket, evidentemente, ganar un Mundial, un Europeo,

jugar aquella final de Pekín ´08, ha sido toda una reivindicación personal, deportiva y nacional. Estar en cuatro finales seguidas, superando las semis y finales seguidas de los años 82-84, ha sido posible. De todo esto, me quedo con el Mundobasket, porque fue el resultado de muchas cosas y el principio de otras. El Oro europeo, que, en mi opinión, España ya tendría que haber conseguido mucho antes, fue apabullante y espectacular, si cabe más personal, pero por lo mismo me dejó un regusto agridulce. "Nosotros, que somos los de entonces...".

Realmente, solo nos faltaría ganar el Oro olímpico, que sin duda es lo más difícil de ganar en todo el mundo del deporte.

Los que ya lo han ganado todo son los del fútbol. Oro olímpico (sub-22, o universitario, eso sí), Eurocopa y nada más y nada menos que Mundial. El Mundial de fútbol, la Copa del Mundo de fútbol, que es como decir... nada, salvo quizá algún título profesional en las grandes ligas de los EEUU de América. Ganar la Eurocopa ´08, después de tantos años del primer título, logrado sin duda en un contexto histórico diferente, fue casi como ganarla por primera vez. Pero la Copa del Mundo de fútbol ha sido sin duda la primera vez. Qué vez, por cierto.

Todo esto, sumado a otros triunfos en tenis, ciclismo, motor, hockey hierba, voleibol, también en deporte femenino, etcétera, han hecho que la prensa hable de una Edad de Oro del deporte español. Voy a ser cauto, porque

además escribo esto de mediano-
che, pero fui yo el profesor que en
Castellón motivaba a los alumnos
diciéndoles que así, con desidia,
no iban a ganar un Mundial en la
vida, y que yo sabía cómo ganar
un Mundial... De repente, sobrevino dicha Edad de Oro. La Edad
de Oro es una película de Buñuel
de 1930. Fue un programa de pop
en TVE durante la movida española de la primera mitad de los
ochenta. Es una canción de Loquillo, firmada por José María
Sanz y Jaime Stinus, que conocí
en su álbum en directo Hermanos
de sangre, editado en 2006. En los
días de junio del Mundial´06 solía
cantar esta canción hasta quedarme sin voz de la emoción, en
el destartalado piso de alquiler de
Castellón donde viví mis primeros
dos años como profesor, con la
música puesta al más alto volumen:

"La claridad de sus ojos
en los días finales de invierno
fueron su mejor momento.
A cada uno de sus movimientos
la vida le reservaba
el papel principal.
Turbia mirada de complicidad
fuego cruzado en la oscuridad
en la lujuria de aquellos días
entre disparos de cocaína
viciosa y terminal,
no, no tenía rival, oh no.
Acostumbrada al amanecer
a fiestas con cherry y placer.
el mundo siempre a sus pies.
Sueños en plata de ley
chica mal de casa bien
lo dice el viejo tango de Gardel.
Los amantes
que no se entregan
se abandonan"

EL PERIODISTA DEPORTIVO

Reseña

Por fin ha salido a la venta un libro
que recoge lo mejor de los últimos
veinticinco años del periodista deportivo Santiago Segurola, primero oficiando en *El País* de
Madrid procedente de *Deia* de
Bilbao, y en los últimos años en el
diario deportivo madrileño
Marca.

El libro tiene unas 500 páginas
con una letra más bien pequeña y
por tanto es un libro muy amplio
y variado que los antologistas, Pedro Cifuentes y el exbaloncestista
Pablo Martínez-Arroyo, han orde-
nado en dieciséis capítulos.

Lo cierto es que la primera
sorpresa se da en el orden del libro, que no sigue una pauta perio-
dística de reportajes, retratos,
crónicas, entrevistas, etc., sino un
personal hilo que agrupa arbitra-
riamente en los capítulos todo
este material sin más pauta con-
ductora que la sucesión de los
mismos, uno tras otro. Viniendo
de un escritor tan cartesiano como
Segurola, sorprende esta falta de
sentido global en la división de los
capítulos.

Lo que sí tiene sentido, en
cambio, es cada capítulo de los
dieciséis que componen esta
deseada antología del mejor cro-
nista deportivo de las dos últimas
décadas en España. En el Reino
Unido, cada año dan un premio
para ello, pero aquí ha costado
Dios y ayuda que Segurola se
quite fantasmas de encima y se

avenga a publicar lo que ha publicado: un hermoso compendio de su trabajo, una maravilla de lectura e información, una prosa que para sí ya quisieran tantos novelistas aspirantes al Cervantes.

Cada capítulo, pues, tiene su idea-fuerza, su tema matriz, y estos son, por orden de aparición, los siguientes: la antología empieza con un texto sobre Laudrup, el segundo capítulo está dedicado a Magic Johnson, el tercero, que da título al volumen, trata del deporte español en general, el siguiente habla de López Zubero y de los JJOO, el quinto capítulo trata sobre el negocio del fútbol, el siguiente es un resumen de la rivalidad futbolera entre Inglaterra y Alemania surgida a raíz del Mundial de 1966, después vienen algunas crónicas seleccionadas de partidos de fútbol, el octavo capítulo versa sobre los Mundiales de atletismo de 1999, el capítulo noveno es un hermoso repaso de algunas situaciones límite del deporte como el penalti que podría haber dado la Liga al Deportivo de La Coruña y que Djukic falló, el siguiente capítulo reúne algunas entrevistas realizadas por Segurola, después vienen textos sobre atletismo y en concreto sobre las pruebas de velocidad, el capítulo número doce es una suerte de recopilación de necrológicas siempre relacionadas sobre todo con el fútbol y el atletismo, el siguiente capítulo tiene como protagonista al Athletic de Bilbao, el siguiente capítulo versa sobre algunos caprichos favoritos del autor de estas páginas, y finalmente

los capítulos quince y dieciséis tratan de la selección española de fútbol, incluyendo las crónicas de las dos finales que le dieron a la Selección su segunda Eurocopa y su primer Mundial de fútbol.

Lo más discutible de Segurola es lo que no tiene que ver directamente con el deporte, y es su valoración del franquismo. Hay que reconocer que el padre del deporte colectivo español es Samaranch. Pero como este es un libro sobre deportes, que recoge veinticinco años de periodismo deportivo y no de historia política, su lectura es simplemente obligatoria. Un placer y una exigencia. El libro se titula Héroes de nuestro tiempo y está en la Editorial Debate, publicado en 2012.

EL SEÑOR DE LOS ANILLOS

Reseña

Durante unos meses fui entrenador de baloncesto de un equipo de instituto. Modestia aparte, hice un gran trabajo. Al principio los chicos no sabían ni botar el balón, de hecho, botaban con el brazo izquierdo escondido detrás de la espalda, como si lo tuviesen atado y solo pudiesen botar con la derecha. Mi primera decisión fue desatarles ese brazo, quitarles las cadenas, y que empezasen a botar con ambas manos. Acto seguido los hice abandonar la idea de que los entrenamientos se basaban en lanzar tiros libres. Para empezar, les hice correr un poco, entrenamiento físico básico, luego les hice agachar el culo y correr por la pista en posición defensiva. Luego ya pudimos tocar balón. Primera lección: el pase. Segunda lección: la entrada a canasta. Tercera lección: el pase y la entrada a canasta, la típica rueda de antes de los partidos. Los chicos aprendieron rápido.

Más adelante, les hice correr botando el balón con ambas manos esquivando unos conos. Finalmente, entrada a canasta con reverso. Después del primer partido, que perdimos haciendo el ridículo por toda la pista, me di cuenta de la importancia del rebote. Así que añadí a los ejercicios básicos el de lanzar al tablero y coger el rebote. Es un ejercicio que Scariolo, dos veces campeón de Europa con la selección española, hace realizar a sus pupilos antes de los partidos. De los chicos del IES La Torreta, de edades comprendidas entre los 16 y los 18 años, solo dos habían jugado antes al baloncesto de una forma mínimamente seria. Otro había practicado el balonmano. Los demás, nada de nada. Bueno, después de las prácticas básicas, a las que añadí el tiro de media distancia, empezamos a jugar partidos, por lo que hube de decidir quién jugaba de base, quién de escolta, quién de alero, quién de ala-pívot y quién de pívot. Los dos chicos que habían jugado anteriormente al basket eran escolta y pívot respectivamente. El primero era de Senegal, el segundo oriundo de Elche. En fin, de la nada construí

mos un equipo y hasta que el director del instituto me echó por insana envidia, logramos un récord de 5-5 en diez partidos. Puede parecer poco, pero vencimos al segundo mejor equipo de la liga por 23-19 y solo perdimos de siete puntos frente a los que posteriormente fueron los campeones, quienes solían ganar todos sus partidos por más de veinte puntos. Creo que en la segunda vuelta podríamos haberlos ganado y habernos llevado el campeonato en una final four.

Intenté implantar ante todo un espíritu de equipo basado en el compañerismo y en el amor al baloncesto. Con el tiempo, los dos bases aprendieron a dirigir al equipo bajo la presión del partido; nuestra estrella, el escolta de Senegal, seguía metiendo puntos; nuestros pívots reboteaban mejor y también eran capaces de anotar desde media distancia y no solo bajo la canasta, y defensivamente hacíamos una zona presionante que nos permitía robar balones y salir al contraataque. También hicimos ejercicios de coger el rebote defensivo, para lo cual me basé en unos videos de Bill Russell y Red Auerbach que encontré en YouTube.

Nuestra jugada principal en ataque era un remedo del triángulo ofensivo de Phil Jackson, que permitía a nuestro escolta anotar penetrando o lanzando desde lejos, y pasarse el balón entre los pivots sacando faltas o logrando canastas fáciles. El jugador que más evolucionó fue un chico oriundo de Nigeria, apasionado del fútbol, que antes de participar en el equipo no había tocado un balón de baloncesto en su vida. Era muy buen chico y aprendió rapidísimo, entendiendo muy bien el juego del baloncesto: "¡manos fuertes!", solía gritar en los entrenos. No era Olajuwon, porque de hecho jugaba de 2 o de 3, pero en los últimos partidos que pude dirigir las enchufaba para dentro limpiamente como si tal cosa. Yo no sé si los negros son superiores a los blancos en casi todos los deportes, sí sé de qué eran capaces los dos negros con que contábamos en los así llamados Dátiles de la Torreta. Vestíamos un uniforme amarillo pálido con ribetes negros. Ya digo que hubiésemos salido campeones si nos hubiesen dejado crecer. Qué nostalgia me invade de aquellos meses y cuánto pagaría por volver a entrenar. En fin.

Todo esto viene a cuento porque acabo de leer *Once anillos,* el segundo libro de Phil Jackson escrito con Hugh Delehanty tras *Canastas sagradas,* que también leí hace un tiempo en su versión original en inglés. Los dos libros de Jackson tratan de lo mismo, esto es, de la vida y del baloncesto. Son un compendio de las lecciones que nuestro particular Maestro Zen del baloncesto ha aprendido a lo largo de sus años como jugador y entrenador y que ahora nos transmite como enseñanzas. Jackson es hijo de su tiempo, heredando el corazón de su padre y la mente de su madre, devotos cristianos pentecostales, de los que sin embargo se separó buscando su propia orientación espiritual.

Los movidos años 60 y sus secuelas setenteras. Es ahí donde aparece el budismo, el taoísmo y otras sabidurías orientales, que ya Thoreau, en *Walden,* celebraba con elogios desmesurados.

Luego está el baloncesto, y la aplicación del budismo al juego profesional de la NBA. Antes, Jackson había estado en la CBA, actualmente Liga de Desarrollo, y antes incluso había ganado dos anillos de campeón de la NBA como jugador de los New York Knicks. Por lo tanto, el señor Jackson tiene trece anillos y no once como reza el título de su último libro, que obviamente, pues, solo trata de sus anillos conseguidos como entrenador, seis con los Chicago Bulls de Michael Jordan, al que Jackson apoda Miguel Ángel, y cinco con los famosos Lakers de Los Ángeles.

"The basic point: awareness is everything". Vaciar la mente, abrir el corazón, focalizarse en el momento *presente,* tales son las enseñanzas del budismo sobre las que Phil Jackson reflexiona largamente en este libro. A ello cabe añadir el espíritu guerrero de los Nativos americanos y otras aportaciones de la psicología humanística occidental, como la de Maslow. El libro es también un manual sobre liderazgo. En cuanto al baloncesto, Jackson se centra en cómo hacer de un buen equipo un equipo campeón. Y la enseñanza básica es: cómo pasar del yo al nosotros, como cooperar en libertad, como lograr una armónica identidad grupal. Muchas son las contribuciones del Maestro Zen del basket a este respecto, y harán bien en leer el libro para descubrirlas.

Pero me parece que la última gran lección de Phil Jackson no es otra que la siguiente, tanto más útil cuanto que proviene de alguien que ha sido un ganador nato en su vida y en el baloncesto: *"La obsesión por ganar es el juego de los perdedores: lo máximo que podemos esperar es crear las mejores condiciones posibles para el triunfo... y atenernos al resultado"* (*Once anillos*). Que así sea, Phil.

PERO SIGUE SIENDO EL REY

Los San Antonio Spurs vienen de proclamarse campeones de la NBA 2014. Es su quinto anillo, al que hay que sumar los logrados en 1999, 2003, 2005 y 2007. El MVP de las Finales ha sido Kawhi Leonard, el más joven en lograrlo tras Magic Johnson y Tim Duncan, quien lo fue con los Spurs precisamente en 1999, además de en el 03 y el 05. El equipo finalista derrotado -por la mayor diferencia de promedio en la historia de las Finales- han sido los Miami Heat liderados por Lebron James, a quien está dedicada esta estampa deportiva.

Voy a decirlo brevemente. Los Spurs son, a día de hoy, la cuarta dinastía de la NBA, tras los Celtics, los Lakers y los 6 anillos de los Bulls de Jordan. Duncan, Parker y Ginobili son el trio o Big Three más exitoso en la historia de los playoffs de la NBA, por delante de los trios del Showtime de

los Lakers de Los Angeles. Duncan es el jugador con más dobles-dobles (números de dos dígitos en algún apartado de la estadística) también de la historia de los playoffs. Tim Duncan es, a sus 38 años, el nuevo Abdul-Jabbar, y ante esa evidencia hay que rendirse. Cómo jugó por ejemplo el segundo cuarto del Game 5, el que ha otorgado la serie finalmente a los Spurs por 4-1, es digno de clinic. Ginobili fue el que inició la remontada, y finalmente Parker, en el cuarto y último cuarto, el que sostuvo la amplia diferencia de puntos con la que acabó el marcador final. No menos de diez partidos de los veintitrés que han jugado los Spurs para llevarse el anillo de campeones han acabado con palizas de veinte o más puntos a su favor. Se ha llegado a comparar el juego coral de San Antonio frente al juego individual de Miami con el Showtime de los Lakers de los años 80. Esto no me parece lo más desatinado que se ha llegado a decir a propósito de este quinto anillo de los Spurs. Lo verdaderamente desatinado ha sido leer comentarios en foros internáuticos de baloncesto -como el del diario Marca, por ejemplo, normalmente lleno de gente sabia, experta y con humor- en el sentido de que la victoria de los Spurs era una victoria de un modo de vida donde prima lo colectivo sobre lo individual, donde prima lo europeo sobre lo norteamericano, etcétera.

Que el juego colectivo y coral de San Antonio ha sido un vendaval, tanto en defensa como en ataque, con una gran movilidad tanto de sus jugadores como del balón, con un altísimo porcentaje de acierto en el tiro de sus jugadores, llenos de confianza en sí mismos, es una evidencia que nadie en su sano juicio negará. Que ese juego enamore, eso ya es otra cuestión. Que se diga que ha ganado el baloncesto, perdónenme los colectivistas, es un desatino que ni Gregg Popovich, el legendario entrenador de San Antonio, el sargento de hierro, seguramente corroboraría. Como yo iba a favor de Miami, para mí no ha sido un placer el triunfo spur. Fueron un placer para el aficionado los dos primeros partidos, igualados. Ha sido un placer la primera ronda contra los Mavericks de Dallas, a la postre el único equipo que los llevó al séptimo partido -ya se sabe, lo igualado e imprevisible de los derbis, en este caso tejano, solventado de forma contundente por los Spurs cuando justo era ya imposible otra cosa. Durante todos los playoffs, unas veces habrán sido un placer partidos defensivos, otros más ofensivos; la primera ronda entre los Grizzlies de Memphis y los Thunder de Oklahoma City, cuyo fragor de la batalla aún resuena en mis oídos. Fue un placer también la primera ronda entre los Warriors de Oakland y los Clippers de Los Angeles. Ha sido un placer la dura pelea del último partido entre los Spurs y los Thunder, que cayeron derrotados finalmente por 4-2 en la serie. O para qué hablar de la eliminatoria Clippers-Thunder, con polémica arbitral incluida. En suma, los playoffs en general han

sido un placer, pero no evidentemente las palizas de San Antonio y menos al equipo de Miami, porque, repito, yo iba con Miami.

Ahora bien, alguien podría seguir preguntando: ¿pero le ha dado gusto como espectador imparcial cómo movía el balón San Antonio? Jugadores secundarios que podrían ser titulares en otros equipos, como el francés Diaw, el australiano Mills, el brasileño Splitter, etc. Pues diré: a ratos. No globalmente. Prefiero los equipos con superestrellas que meten más de treinta puntos, cogen más de diez rebotes y están cerca del triple-doble. Y ante el desatino de ver en la victoria de los Spurs el fin de la era americana y el resurgir de no sé qué era europea, así en el baloncesto como en la vida, contestaré: aquí ya no es cuestión de gustos, aquí es cuestión de que es objetivamente mejor la democracia individualista que el totalitarismo colectivista.

De modo que los San Antonio Spurs han entrado esta temporada 2013-14 definitivamente en la leyenda de la NBA. Durante los últimos quince años no han bajado prácticamente de las 60 victorias en Regular Season (temporada regular), y no parece que el año que viene vayan a bajar el listón, pero el rey, ah amigos, el rey sigue siendo Lebron James, quien por cierto ha promediado más de 28 puntos, más de 7 rebotes y 4 asistencias por noche en lo que la serie de las Finales ha durado. ¿Por qué me enamora Lebron James y no los Spurs, o Duncan? Pues bueno, de eso va este artículo, de explicar porque para mí -y no solo para mí, claro-, King James sigue siendo el rey. Y es que yo volví a la NBA cuando se consolidaba el reinado de James. Yo regresé a la NBA con King James y no con ningún otro. Era el año 2007.

Empecé a jugar al baloncesto de una forma más o menos seria en el verano de 1984. Y desde entonces sigo la NBA. Por aquellos años, como es sabido, destacaba la rivalidad entre los Lakers y los Celtics, aunque el Dr. J, Julius Erving, había ganado su anillo de campeón junto al pivot Mo Malone, en los Sixers de Filadelfia. Aquel curso vino Loren E. Dieu, un americano de California de 18 años, a pasarlo a mi casa. Por si fuera poco, mi americanización se disparó con semejante compañía. Supe de la NFL, de los 49ers de San Francisco, y del legendario Joe Montana. Y la NBA no me parecía terreno vedado, lejano e inaccesible. Desde entonces, de una manera u otra, sabíamos quién había ganado la NBA aquel año, si Magic Johnson o Larry Bird. Yo era más de los Lakers que de los Celtics, aunque la rivalidad, como el roce, hace también el cariño.

Pero ver la NBA, lo que se dice verla (por televisión, claro), eso no sucedió hasta el programa de Trecet en TVE, Cerca de las Estrellas, que si mal no recuerdo es de finales de los años 80. La primera vez que trasnochamos para ver en directo un partido de la NBA fue, si no me equivoco, durante las Finales que los Pistons de Detroit ganaron a los Lakers. Cómo debían ser aquellos Bad Boys que los que habíamos preferido a LA frente a Boston, nos hicimos aficionados de los Pistons de Chuck Daly. Recuerdo como si fuera hoy, ahora mismo, a mi padre entusiasmado con Magic Johnson, mi padre, que era y fue siempre un futbolero pertinaz. Lo recuerdo con aquellas anticuadas gafas de sol que se ponía, ¡de madrugada!, porque le molestaba la luz eléctrica. Casi totalmente a oscuras, ahí y entonces vimos como Isaiah Thomas destronaba a nuestro eterno héroe, Earvin Magic Johnson, como lo escoltaba Joe Dumars, cómo peleaban Rodman y Lambeer, y cómo salía desde el banquillo un tal Vinnie Johnson al que apodaban el Microondas. No era el Showtime, no eran los orgullosos Celtics de Boston, pero ese base que lanzaba triples parabólicos hacia dentro de la canasta, esas canastas de media distancia de Dumars o de Vinnie Jonhson, esos rebotes de Rodman. Bueno, sí, todo aquello ya no hacía falta leerlo o escucharlo o que nos lo explicaran nuestros entrenadores unos días, unos meses, a veces un año más tarde. No. Aquella vez lo estábamos viendo en directo por televisión. Y era la NBA.

Entonces sucedió. Y lo que sucedió es que el volador Michael Air Jordan, que ya entonces era el mejor jugador de la Liga, aquel que habíamos visto en las Olimpiadas de Los Angeles de 1984 alzarse siempre con tres posibilidades (tirar a canasta, pasar a un compañero, y, tercero y no menos importante, hacer lo en principio imposible e impensable y meter canasta o pasar a un compañero), destronó a los Pistons y empezó a ganar finales de la NBA. Primero tres seguidas. Luego un parón. Luego otras tres seguidas, dejando por en medio un récord aun no superado ni igualado de 72-10 en Regular Season (72 victorias y 10 derrotas). Los años 90. No vi nada de aquello por televisión. Cerca de las estrellas ya no funcionaba y luego el Canal Plus se hizo con los derechos de emisión en España de la mejor liga del mundo. Y mis padres nunca pusieron el Canal Plus en casa.

No vimos nada de aquello -mi padre falleció en 1994- ni tampoco nada de lo que vino después. Hasta que en 2007, tachán, el nuevo canal de TV Cuatro empezó a emitir partidos de NBA en abierto los viernes de madrugada. Entonces regresé a la NBA. Entonces la NBA volvió a mí. Por tanto, de todo lo anterior, me iba informando como buenamente podía, qué equipo ganaba el anillo, quién era el jugador más destacado. Vaya, me perdí el primer anillo spur y los siguientes, me perdí el threepeat de los Lakers de Shaquille O´Neal y Kobe Bryant, me perdí, aunque me alegré un montón, el anillo de los Pistons liderados por el base Chauncey Billups. Me perdí el primer anillo heat, el de Wade. Pero en la temporada 2006-07 todo cambió. Ahora volvía a ver NBA en directo, un partido a la semana, incluidos los playoffs con suerte si el partido coincidía en viernes. Lo que Canal Plus nos

quitó, ahora nos lo daba con Cuatro y, esta temporada, con la plataforma Yomvi, que permite seguir los partidos por internet. He visto varios partidos de playoffs por Yomvi de esta temporada, y me sigo quedando con la televisión. Por eso quién sabe si durante el curso que viene me instalaré el Plus. Mi reencuentro con la NBA habrá llegado, entonces, a su cénit.

No vi, pues, la era Jordan (ni el paréntesis de Olajuwon), ni el threepeat laker, ni los primeros anillos de los Spurs. Bueno, sí, rectifico, aun me dio tiempo de ver un partido de playoffs entre San Antonio y los Phoenix Suns de Nash y Stoudemire en el que Ginobili hizo un partidazo. Ginobili es de lo poco que me encanta de los Spurs, dicho sea de paso. Luego San Antonio barrió en las Finales a los Cavaliers de Cleveland, comandados por un tal Lebron James, al que habían llamado el Mesías desde muy joven y cuyo apodo era, jugando con su apellido y con la edición clásica de la Biblia en los EEUU, King James. No era de Memphis, sino de Akron, Ohio, una de las cunas precisamente del baloncesto. Era el Elegido. El sucesor de Jordan, ay.

Nunca vi a Lebron James como el sucesor de Jordan. No es de su estilo, mucho más parecido por ejemplo al de Kobe Bryant. De hecho, nos guste más o menos, Jordan no tiene sucesor. Es el mejor de todos los tiempos. A algunos ya nos desquiciaba su lengua fuera de la boca cuando se dedicaba a ganar concursos de mates contra Dominique Wilkins, que tampoco era de nuestro agrado. Pero la evidencia empírica y lo que ya vimos que apuntaba en su aparición estelar en los JJOO de Los Angeles de 1984 son irrefutables. Ha videos para deleitarse con Jordan. No los suelo ver, aunque alguno he visto, porque haberlos, haylos.

Pero mucha atención. Las primeras once temporadas de máximo PER (lo que en Europa llamamos Valoración, más o menos) a lo largo de toda la historia de la NBA se las reparten entre tres jugadores. Uno de ellos es, claro está, Michael Jordan. El otro es, sí, aquel que metió cien puntos en un partido, Wilt Chamberlain. ¿Y quién es el otro? Ah, pues vaya, no lo sabía, pero sí, es Lebron James. De modo que estamos teniendo suerte de ver NBA desde el año 2007, cuando King James llegó a su primera final. Hemos tenido suerte de disfrutarlo en los Cavaliers, y luego en Miami, donde ha ganado dos anillos -yo predije que solo ganaría uno, como Dr. J- y llegado a cuatro finales consecutivas, cosa que por cierto además de los Heat de Miami solo han logrado los Celtics y los Lakers.

En suma, ha sido un año para la leyenda. Los San Antonio Spurs se han coronado sin discusión. Los Lakers y los Celtics y los Knicks se han quedado fuera de playoffs. Kevin Durant, de los Oklahoma City Thunder, ha sido el MVP de la temporada. Pero el rey, mientras podamos seguir viendo en vivo y en directo la

NBA (o en diferido, pero viéndola), seguirá siendo Lebron James. Con su era volvimos a la NBA y viendo la NBA queremos disfrutarla hasta el final. Y ahora, canten conmigo:

"Con anillo o sin anillo,
hago siempre lo que quiero,
porque sigo siendo el rey"

MI PRIMERA COPA DE EUROPA Y OTRAS COPAS DE EUROPA

Llamadla Copa de Europa o Champions, pero no ha podido ser. El Atlético de Madrid no ha ganado su primera Copa de Europa y se queda, como el Valencia, con dos finales en su palmarés. Tuve la suerte de que TVE en su programa *Conexión Vintage* diera la final entre el Atleti y el Bayern de Munich y de encender justo en ese momento, al inicio del partido, el televisor. Una final disputada, quizá con un poco de mayor dominio del Bayern, pero sin asustar en demasía al portero Miguel Reina, padre del *speaker* oficioso de nuestra Selección de Oro, Pepe Reina. Un partido que con el gol de Luis Aragonés de libre directo se le ponía muy franco al Atleti. Algunos jugadores, con las melenas típicas de la época, se llevaban las manos a la cabeza. Solo siete minutos para el final de la prórroga. Pero hete aquí que en el último lance uno de los defensas centrales del Bayern conecta un potente chut cruzado que se cuela en las redes de Reina. 1-1, resultado final.

Como en aquel partido no hubo penaltis, se disputó el desempate dos días más tarde, y esta vez, sin Jabo Irureta en las filas del Atleti, el Bayern aplastó al equipo madrileño por 4 goles a 0. Curiosamente, esa final fue mi primera final, quiero decir la primera final que se disputó estando yo ya en este mundo terrenal, pues nací el 3 de febrero de 1974, y aquella fatídica finalísima para el Atleti data de mayo de 1974. En Bruselas, Bélgica. Pero no es de esta primera final de la que he venido hoy a hablar aquí. Ni tampoco de la Décima del Madrid, ganada gracias al empate logrado en el minuto 93 por Ramos tras un saque de esquina botado por Modric, y en una prórroga que también recordó a la histórica final entre el Atleti y el Bayern, en este caso en concreto más bien al segundo partido que al primero.

No. He venido a hablar de mi primera final de Copa de Europa vista (por televisión, claro) de la que yo guarde recuerdo alguno. Nada de los títulos del Bayern. Nada del increíble Nottingham Forest. Nada del Liverpool de Kevin Keegan. Me suena, pero muy poco, la final perdida por el Madrid de Del Bosque y compañía. Ni idea del Aston Villa. Algo de las diabluras del portero del Liverpool frente a la Roma. No, lo diré breve y rápidamente: mi primera final de Copa de Europa por TV es la de 1983, cuando yo contaba ya con nueve años, disputada entre la Juventus de Turín y el Hamburgo, equipo que finalmente consiguió la victoria con un tardío

y postrero gol de su jugador Magath. Aún recuerdo como si fuera hoy el disparo lejano de Magath desde la frontal del área y el gol del triunfo del Hamburgo, entre la tristeza de los que portaban la camiseta blanquinegra de la Juve.

A partir de aquel lejano 1983 puedo decir que no me he perdido prácticamente ninguna final de Copa de Europa, llamada Champions League desde 1992. Precisamente en 1992, como el avisado lector ya sabrá, pude incluso asistir en directo a la final de Wembley de aquel año, disputada en el vetusto estadio entre el FC Barcelona y la Sampdoria de Génova. No fue, sin embargo, lo único bueno que me ha deparado el partido de fútbol más importante de los que se disputan entre clubes a lo largo de cada temporada. Veamos algunas de estas finales, empezando por la última.

El Real Madrid ha ganado su décima Champions. Lo ha hecho con su aura intocable, pero padeciendo más de lo previsto, pues el Atlético de Madrid, sin demasiado fútbol, pero con gran gallardía, le plantó cara hasta que las piernas de los jugadores rojiblancos dijeron basta. Se adelantó el Atleti con un gol trampa, podríamos decir, producto de un saque de esquina y un rebote mal despejado. Pero empató el Madrid después de hacer una última media hora de buen fútbol, también de cabeza tras un córner. La prórroga fue un paseo blanco, sobre todo después de que el galés Gareth Bale definiera con un gol una bella jugada personal de Di Maria, a la postre designado como Man of the Match, por el pasillo izquierdo del ataque blanco. La final 2014 disputada en Lisboa fue la primera final jamás disputada por dos clubes de la misma ciudad, en este caso la capital de España, Madrid. Pero vayamos atrás en el tiempo. También recuerdo con enorme vivacidad la final de Heysel, tristemente célebre por los incidentes provocados por los hooligans del Liverpool, lo que le costó al fútbol inglés una sanción de cinco años de estar fuera de las competiciones europeas. Aquella final se jugó después de todo y venció la Juventus de Turín de Platini y Boniek, que así se hizo con su primera de las dos Champions que el club italiano, dominador histórico de su liga doméstica, posee. Era el año 1985.

Vino la era del Milan de Van Basten, Gullit y Rijkaard, el famoso 5-0 al Madrid, que, aunque no fue en una final, se hizo mundialmente famoso. Pero por un gol menos venció el Milan al Steaua de Bucarest en el Camp Nou de Barcelona, ese equipo rumano que en 1986 le había quitado la Copa al Barça en la penosa final de Sevilla. Por 4-0 venció también el Milan, esta vez al Barça, en la final de Atenas de 1994, el fin de la era Cruyff como entrenador exitoso del FC Barcelona. Aun se recuerdan las carcajadas de Cruyff ante la sorpresa y contundencia de la derrota; frente al semblante cariacontecido de Guardiola, la risa de Cruyff nos enseña aquello que dice Melville: que los verdaderos héroes se ríen

incluso ante su desgracia. Yo más bien me tuve que tomar una tila.

Luego han llegado desgracias - o alegrías, claro, según desde qué lado se mire- aún más grandes. Petón dijo en la retransmisión vintage del Atleti-Bayern: solo hay una cosa peor que te marquen un gol en el último minuto, y es que te marquen dos, y eso precisamente fue lo que le ocurrió al Bayern de Munich en la final de 1999 contra el Manchester United de Beckham, que así conseguía su segunda Copa de Europa. Dos goles en el descuento tras sendos saques de esquina remontaban el gol incial del Bayern y enloquecían a los red devils. Estuve a punto de ver aquella final en el estadio. Incluso esperé más de media hora haciendo una cola interminable para sacar la entrada. Pero no pudo ser. Entonces estaba trabajando como teleoperador y debía regresar al trabajo cuando apenas me faltaban veinte metros para la taquilla, quizá una media hora más. Desde luego me perdí una gran final, apoteósica para el United, aciaga para el Bayern. El Camp Nou estaba lleno a rebosar.

Otra final histórica es, sin duda, la final entre el Valencia CF y el Real Madrid. No por el fútbol, ni por el gol inglés de McManaman que ponía el 2-0 para el Madrid (el resultado final fue de 3-0). Sino porque era la primera final disputada entre dos equipos del mismo país. Eso fue en el año 2000. En mayo. Luego la historia se repitió con un Juve-Milan que ganó el Milan en los penaltis, tras lo cual nuestro siempre querido

Shevchenko se fue a la tumba de su exentrenador ucraniano en señal de tributo. También hubo un Chelsea-Manchester United, que supuso la tercera Champions para el United tras el famoso resbalón en los penaltis del defensa central del equipo londinense, Terry. Y en la temporada pasada hubo un Borussia Dortmund-Bayern de Munich, que se llevó este último. En la era del video, no podía faltar algún partido antiguo. Ya he hablado del Bayern-Atleti de 1974. El fútbol, en verdad, no ha cambiado tanto, ni antes era tan ofensivo como dicen, ni ahora se juega más agresivo como dicen. Pero el partido más antiguo que he tenido la oportunidad de ver es el de la quinta Copa de Europa del Real Madrid de Di Stefano y Puskas. El legendario 7-3 al Eintracht de Frankfurt celebrado en Hampden Park, Glasgow, que durante más de una década la BBC de Londres solía echar en Navidad para deleite del público británico. Y es que el partido lo merece. Logré hacerme con él gracias al diario As, que lo editó en un DVD hace unos años y lo puso a la venta. Me desagrada que la narración sea en falso directo - prefiero en esto las retransmisiones vintage con comentarios de lo que va a pasar. No me da ninguna emoción ese falso directo retransmitido por Manolo Lama. Alfredo Relaño es el que comenta, y es otra cosa. Como decía, el fútbol no ha cambiado tanto, un 4-4-2 ya se dibujaba por aquel entonces sobre el verde césped de los campos de fútbol que en este video vemos, claro está, solo en blanco y negro.

Pero se ve. Se ve el fútbol y se ve, amigos, a la Saeta Rubia. Eso es lo que verdaderamente diferencia aquel fútbol del actual: la presencia de Di Stefano. Él coge el balón en la medular y lo sube, lo abre, lo centra, y de repente está ahí, en el sitio preciso, rematando. Él hace los dos primeros goles del Madrid que remontan el tanto inicial de los alemanes. Esto es así. Di Stefano. La leyenda que sube la bola y marca el gol. El mito que la pasa y abre y remata a gol. El 9 que es a la vez Zidane y Ronaldo. Un 5, un 7 y un 9 en el dorsal. Di Stefano: el Real Madrid de las primeras cinco copas de Europa seguidas, hito que en el deporte mundial solo igualarían equipos como los Celtics de Boston de Bob Cousy y Bill Russell en este caso en el baloncesto NBA.

Pero hablando de partidos hisóricos, quizá la final de Champions más milagrosa haya sido sin duda alguna la de Estambul de mayo de 2005. Milan-Liverpool, casi nada. Se adelanta el Milan por 3-0 en la primera parte. Baño. Nadie cree. ¿Nadie? Los irreductibles ingleses empiezan a entonar el You'll never walk alone. Se cuenta que en ese mismo momento la música del canto penetró en los vestuarios, insuflando ánimos a los jugadores. Sí. El Liverpool, en una segunda parte para la leyenda, remontó los tres goles de desventaja y envió el partido a los penaltis, lance en el que finalmente se proclamó campeón de Europa. Siempre que veo a Steven Gerrard, mi alma grita: Legend!

Ha sido una temporada futbolística variada. El Atleti ha ganado su décima liga española. El Barça se ha quedado sin títulos por primera vez en muchos años. Cuando escribo esto parece que la hegemonía de la selección española de fútbol toca a su fin. Manchester City, Bayern de Munich, Juventus de Turín, PSG, han ganado sus respectivas ligas. El Liverpool -I´ll never walk alone- ha estado cerca de ganar la liga inglesa, lo que no consigue desde que la liga pasó a llamarse Premier League. Estuve hablando en los exteriores del estadio del Elche con un inglés de Liverpool y pese al resbalón final de Gerrard, estaba contento. Así da gusto hablar inglés. Qué ánimo. Y el Hamburgo, ay, mi primer campeón de Europa, ha estado a punto de bajar a Segunda en Alemania. Pero finalmente se mantuvo. Un viejo campeón de Europa.

El año que viene, más y mejor.

EN EL PRINCIPIO FUE... EL HOCKEY SOBRE PATINES

En el principio no fue el fútbol. No tenía un padre que me llevaba cada quince días al estadio. En el principio no fue tampoco el baloncesto. No tenía un padre que me llevaba cada quince días al pabellón. En el principio no fueron las carreras de caballos, ni el boxeo, ni el tenis, el balonmano o la vela. Tampoco el rugby. No tenía un padre adinerado, ni vivía en una gran ciudad ni con tradiciones

en estas actividades deportivas. En el principio no fueron el atletismo ni la natación. Hubo un principio, sí, hubo una visita quincenal a un recinto deportivo animando al equipo local en una liga de categoría nacional, pero ese princpio fue... el hockey sobre patines.

Sí, el hockey sobre patines y el CP Vilanova, que vestía, y viste, de verde claro la camiseta y de blanco el pantalón. *Sí, sí, sí, senyor, Vilanova, millor!* Ese era el grito de guerra. Hubo un principio, y radios y televisiones y crónicas a nivel nacional. Partidos de la máxima división de aquel deporte. Entonces era la División de Honor, hoy es la OK Liga. Equipos legendarios como la sección de hockey sobre patines del Barça, el Liceo de La Coruña, el Reus Deportiu, el Noia, más tarde -ese ya no lo vi- el Igualada-, y antes -tampoco los vi- el Voltregà. Jugadores míticos como Carles Trullols, el gran portero de la gran selección española, que cuando jugaba en el Patí Vilanova vestía siempre de negro, como aquel portero ruso de fútbol, Yashin, la Araña Negra.

En el principio, desde que yo tenía unos cuatro o cinco años hasta que tuve unos diez, era visitar cada quince días el vetusto pabellón de la plaza de los Cuarteles de mi pueblo y animar al Patí, fundado como Patín Villanueva. En el principio era la espera agónicamente gozosa del inicio del encuentro, la cola que se formaba para sacar entrada o bien enseñar el carnet de socio, las gradas a rebosar cuando nos visitaban el Barça o el Liceo, el ruido de los sticks y de los patines al deslizarse trabajosamente por el frío cemento de la pista. Era el descanso. ¡Y el refresco y las patatas! Cómo entiendo ahora a los aficionados de los Miami Heat que vacían durante el descanso el graderío del American Airlines Center y no lo vuelven a llenar hasta pasados unos minutos del tercer cuarto. Y es que lo importante es lo importante. Aquel descanso en medio de tanta gente, de tanta pasión, de tanta celebración, ¡casi era imposible tomarse el refresco y las patatas! Pero era mejor que ir a la iglesia. Bares, qué lugares, tan gratos para conversar... Ya lo decía el poeta inglés del siglo XVIII William Blake, sí, el poeta de las puertas de la percepción. Mejor en el bar que en la iglesia. Qué pequeño yo era entonces, papá. Pero qué dulce percepción se me grababa en el corazón cada jornada que íbamos a la plaza de los Cuarteles. *Sí, sí, sí, senyor, Vilanova, millor!*

España le debe al hockey sobre patines la selección deportiva nacional más laureada de toda la era deportiva mundial, la que empieza a mitad o finales del siglo XIX y dura hasta hoy. Y el profesionalismo, que también a su modo ha llegado al hockey sobre patines, no ha hecho sino reforzar la hegemonía de nuestra selección en dicho deporte, hegemonía que le disputan las selecciones nacionales de Portugal, Italia, Argentina y poco más -hace poco Suiza llegó a la final, creo recordar que de un Mundial. Pero en los años 30 el país dominador del hockey sobre patines era... Inglaterra. Fue después de la 2ª Guerra Mundial cuando Portugal y España empezaron a destacar en el hockey sobre ruedas, al que yo siempre he llamado *hockey* a secas, pues no soy de Terrassa donde el hockey es el hockey hierba ni soy canadiense donde el hockey es, claro está, la NHL y el hockey sobre hielo. No es que yo prefiera la modalidad sobre ruedas, simplemente escribo esto porque mi afición por el deporte en vivo y en directo empezó con el hockey sobre patines, ni con el hockey hierba ni con el hockey sobre hielo, aunque pude gozar no hace mucho de una final olímpica de hockey sobre hielo entre Canadá y Estados Unidos mientras estaba de visita en casa de mis tíos en Jaén, la final de los JJOO de invierno de Vancouver 2010, Canadá, ganada finalmente por los anfitriones ante el éxtasis de su público: ¡*make noise, faites de bruit!*

Como decía, nuestro país es el líder histórico mundial del hockey sobre patines. Lástima que no sea deporte olímpico. Y me extraña, siendo Samaranch uno de sus primeros impulsores en España desde la sección de hockey sobre patines del RCD Español. La medalla estaría asegurada, aunque hay que constatar que se han ganado medallas olímpicas en el que para mí es *el otro* hockey, el de hierba. Pero hay que repetirlo varias veces. Sí, ya sé que es un deporte minoritario, muy minoritario de hecho. Muy localizado en Cataluña, y luego esporádicamente en La Coruña, Tenerife, Asturias, Sevilla, Madrid o Alcoy. Que es un deporte a veces aburrido -sobre todo por televisión, donde cuesta ver por dónde circula la pelota. Pero con todo, es en verdad nuestro deporte nacional. Yo al menos aprendí a patinar exclusivamente para probar de jugar al hockey, y así fue como se quiso fundar en el club de tenis de mi localidad una sección de hockey, y con algunos más hicimos algunos entrenamientos con patines, sticks y pelotas, pues, según cómo, eso es lo primero que te regalan en Vilanova, igual que en Badalona lo primero que te regalan cuando eres pequeño es, afortunados ellos, una pelota de baloncesto.

Otro deporte minoritario, aunque popularmente no lo sea en absoluto, es el fútbol-sala. A mi padre no le gustaba el fútbol-sala, decía que ni era fútbol ni era nada. Bueno, yo fundé un equipo de fútbol-sala, llamado Cal Tano por el nombre del bar que nos patrocinaba y que frecuentábamos los fines de semana. Vestíamos como la Fiorentina, pantalón blanco y camiseta violeta. El fútbol-sala ha dado glorias al deporte español, mundiales y europeos. Amado, Kike Boned, Jordi Torras, etcétera. Pero ni por asomo su huella en mí se puede comparar con el hockey sobre patines.

Un domingo de hace muchos años -siempre era domingo cuando jugaba el Vilanova en casa a la una del mediodía- nos visitó el Liceo de La Coruña, que era entonces el líder de la liga. El Vilanova es un equipo histórico, pues tiene 2 Copas, una Copa CERS y un subcampeonato de liga, si mal no recuerdo. La única vez que mi

padre salió de España fue para irse no muy lejos, a Portugal, a Lisboa: el Vilanova jugaba la finalísima de la Copa de Europa contra el legendario Sporting de Portugal de Livramento. Pues bien, decía que era un domingo, cuando estas glorias de los años 60 y 70 ya habían pasado por Vilanova, cuando recibimos al Liceo. El Patí era entonces un conjunto de media tabla, y el Liceo el líder. Hete aquí que en la primera parte el Vilanova hizo un partidazo y se puso 2-0. El pabellón, la vieja casa de los Cuarteles, antiguo caserón militar, hervía. *Sí, sí, sí, senyor, Vilanova millor!* Pero lo que no puede ser no puede ser y además es imposible. El Liceo empezó a remontar en la segunda parte en un ambiente muy caldeado. Total. Que hubo agresiones al árbitro y tangana entre los jugadores. Suspendieron el partido y cerraron el pabellón con una sanción de dos años, si recuerdo bien. El Vilanova descendió de categoría. No volvió a la máxima categoría hasta casi veinte años después. Luego ganó la CERS en 2007 y mi hermano Javier me envió un mensaje eufórico desde Vilanova. Una de las últimas cosas que hice en Vilanova antes de independizarme fue ir a ver al Patí un partido contra el Barça y, como en los viejos tiempos, el pabellón rugía, aunque los malditos tambores habían sustituido a las amables palmas de la gente. El resultado fue de 2-2 contra el todopoderoso Barça y lo pasamos en grande. Adiós, Vilanova.

Esta temporada el Patí Vilanova ha vuelto a descender. Veremos cuánto tarda en recuperarse. Quizá cuando vuelva a la máxima división nacional del deporte que más gloria ha dado al deporte español vuelva yo a mi vez al viejo pabellón de la plaza de los Cuarteles, donde aún juegan en mis sueños. Una vez más. Quizá aquellos descansos donde el fervor se mezclaba con la incertidumbre del resultado, en el bar, o saltando a la pista a jugar a fútbol con las porterías, se me antojen entonces llenos de sosería. Pero juro que no conozco de primera mano más que esos. Con mi padre, que era médico -¡un médico, por favor, un médico!, así funcionaba entonces-llegamos a entrar incluso en los vestuarios. Algún jugador se había lesionado, o le había dado un vahído, vaya usted a saber. ¡Los vestuarios de un equipo de división de honor! Más emoción imposible para un crío como yo entonces. Aunque luego esos vestuarios, me cansara de utilizarlos cuando fui jugador federado de baloncesto, o cuando más tarde fundamos el equipo de fútbol-sala Cal Tano, de la liga local. Perdieron todo el *glamour*.

En definitiva, hubo un principio a mi indeleble afición por el deporte en vivo y en directo no siempre satisfecha en el grado que a mí me gustaría. Quizá cuando estuve en Alicante, en el curso 2006-07, reviví algo de aquel hermoso recuerdo cuando iba a ver casi quincenalmente al Lucentum de la ACB de baloncesto. Pero para mí el principio fue, es y será siempre el hockey sobre patines y

más en concreto el Patí Vilanova de mi ciudad. Hablando de mi ciudad, escribe Eugenio D´Ors una cosa muy bonita. Pero, como aquellos partidos de hockey y el olor a cuero de las pelotas y el ruido prometedor de los patines, perdí la hoja de entre las que van cayendo del árbol de la memoria hasta ser pisadas por el olvido.

A TODA VELOCIDAD

Pronto hará cuatro años justos. Jugaba la selección española de fútbol su partido contra Chile en la primera fase del Mundial de Suráfrica y lo estaba viendo yo en la cama del hostal de Valencia adonde había ido para asistir a la carrera de F1 de aquella temporada. Mientras por el Street Circuit de la ciudad mediterránea ya circulaban los bólidos, España ganaba con apuros a Chile 2-1 y se clasificaba para unos octavos de final histórico, pues iban a consagrar el pase a unos cuartos que a su vez llevarían a una semifinal que definitivamente desembocaría en una final y en el gol de Iniesta. Iniesta marcó por cierto el segundo contra Chile en una buena primera parte. Antes había cenado yo un chuletón de los que hacen época en esa ciudad que tan bien me acoge siempre.

Quiero decir que mientras España se jugaba el Mundial yo había sacado tiquet para ver por primera vez en mi vida una carrera de Fórmula Uno. ¡Un día en las carreras! Bajo un sol de justicia allí me planté, en mi asiento, el domingo bastante antes de las dos de la tarde, que es cuando empieza el *show* propiamente dicho. Antes me había dado una vuelta por la Malvarrosa, tomándome algo cerca de la playa, en aquel día caluroso de finales de junio, cuando, ay, ya tenía el expediente sancionador del IES sobre mis fastidiados hombros. Por lo menos, pendía la justicia del sol sobre mi cabeza más que el tal expediente que finalmente fue de seis meses de suspensión de empleo y sueldo.

Como un delincuente cómico, empero, allí estaba yo, en el Grand Prix de Europa (Telefonica Grand Prix of Europe 2010), a celebrar en el Valencia Street Circuit el 27 de junio de 2010: Tribuna G5, Fila 24, Asiento 21, Acceso Puerta Grao C, 250 euros IVA incluido. Ah, el precio de una entrada de F1 es el precio más caro del mundo deportivo. Pero la experiencia vale la pena, y en mi caso, vale la pena por varias razones que ahora me dispongo a explicar.

La primera de ellas es que me gusta la F1 y cuando algo te gusta, algo tienes que pagar por ello. La segunda razón es que necesitaba una evasión a lo bestia ante el previsible desenlace de lo que iba a ser el fallo del expediente sancionador que me habían abierto en el instituto unos meses antes. Me podría haber dedicado a esnifar pegamento, como quien dice, o como cantan los Ramones, pero hete aquí que, si el precio a pagar ronda los 250 euros porque sí, entonces es que el espectáculo está garantizado, y eso era lo que me

convenía. No andaba yo muy bien de salud, ni física ni mental, por aquel entonces, y el viaje de ida desde Elche hasta Valencia fue una pesadilla tediosa; el calor, el tremebundo comezón, etc. Pero por lo demás había una tercera razón y era más poderosa si cabe que las otras dos, y es que, por encima de muchas cosas, no sé si incluso decir de todo, yo amo la F1 y su velocidad *desde que era pequeño*.

Sí, puedo ser un fan advenedizo de los Miami Heat, pero no soy un neófito en esto de la F1 desde que Fernando Alonso se proclamó dos veces campeón del mundo. O sea, que no sigo la F1 desde que Lobato la retransmite ya sea por Tele5, la Sexta o Antena3. No. Yo llegué a la F1 como quien dice cuando llegué a este mundo en la clínica del Pilar de Barcelona sita en la calle Balmes de la ciudad condal, a tocar de la plaza Molina. Porque de mis primeros recuerdos infantiles, yo diría que preinfantiles incluso si existe tal edad, destaca por encima de todos uno en el que me veo jugando con un coche de juguete en la mano, haciéndolo rodar por toda superficie horizontal que se preciara.

Yo, que tengo el carnet de conducir pero no conduzco; yo, que tuve que devolver a mi madre unos 1.200 euros que costó la reparación de un accidente que tuve con su coche; yo, que todo lo más he conducido por las calles de mi pueblo un par de veces y que una vez, eso sí, crucé Bélgica por autopista en un estado de nervios desaconsejable para tamaña proeza;

yo, en definitiva, que odio los automóviles de verdad no me recuerdo de muy pero que muy niño más que con un coche diminuto en la mano derecha haciéndolo rodar y haciéndolo sonar. Ni una pelota de fútbol ni una raqueta de tenis, ni siquiera una de ping-pong. No. Un coche de juguete. Uno, y quien dice uno dice uno detrás del otro, acumulados año a año en una maltrecha caja de zapatos, de diversos estilos, un Porsche, un Ferrari, uno normalito, un camioncito, etcétera. Si alguien me pregunta, pero en el fondo quién eres, ah, pues entonces no me queda más remedio que decirle, pues, sí, ese cuasi bebé que ves con un cochecito en la mano, ese soy yo, ora cerca de mi papá, ora cerca de mi mamá.

De modo que de las pocas cosas de las que puedo sentirme orgulloso en esta vida está el de poder presumir de que la F1 yo la conozco desde que tengo uso de razón e incluso antes. Pues aquel cochecito, como ya he dicho, se fue juntando con otros, y esos otros con más, hasta formar un grupo de unos veinte coches de juguete. Y en la alfombra del comedor de la casa de mis padres sita en la calle San Juan, 42, 2º piso, de mi pueblo, allí empecé a jugar yo a las carreras de coches. En verano, en el apartamento de mis padres al final de la playa de Vilanova, la alfombra había desaparecido cual alfombra mágica llevada por el viento y el circuito era ahora la repisa del diminuto pasillo que había entre nuestro apartamento y el pasillo central de los bloques de apartamentos. Y allí

estaba yo haciendo ruidos de motor, rum-rum, acelerando cada uno por su orden a los distintos coches, ora uno, ora otro, aunque siempre tuve predilección por los Porsche rojos.

Luego, ya más crecidito, pero sin llegar siquiera a los diez años, empecé a dibujar circuitos en el suelo de la terraza de la casa de mis padres, que ya he dicho dónde está todavía -la casa, no mis padres. Y todos los domingos que me quedaba en casa (¡todos!, cómo es el recuerdo, a lo mejor no fueron más que cuatro o cinco), jugaba yo a las carreras de coches en la terraza si hacía buen tiempo, en circuitos con curvas, y chicanes, y boxes, e imaginarios cambios de neumáticos en tiempo récord, y nombres de pilotos. Lo diré rápidamente: mi ídolo no era Niki Lauda, ni Alain Prost. Ayrton Senna me pilló ya muy mayor (es decir, con más de diez o doce años). Para qué hablar de Michael Schumacher. No, mi ídolo era y será siempre el brasileño Nelson Piquet, campeón del mundo en 1983, cuando ya entonces yo miraba la F1 por televisión; o quizá mejor, ¡cuando ya entonces empecé a dejar de mirarla con asiduidad!

Huelga decir que Piquet ganaba casi siempre en mis carreras. Supongo que les pasa a todos los críos. Mis hermanos mayores explican una anécdota divertida al respecto. Jugábamos a hockey o a mini-fútbol (lo llamaré así) y siempre me dejaban ganar. Hasta que un día se dijeron que no podía ser y me derrotaron sin paliativos. Mi reacción fue estallar en sollozos.

O sea que me puse a llorar de rabia y de tristeza. Una lección de deportividad, sin duda, pero es que mis hermanos eran mayores y eso era abuso de superioridad. En fin.

Pero no solo Piquet poblaba los sueños de mi imaginación. Recuerdo a Nigel Mansell, a Keke Rosberg, el padre del actual Nico Rosberg, al italiano Ricardo Patrese. No a muchos más. Pero es que yo dominaba incluso hasta el nombre y más importante aún el *estilo* de cada escudería: Ferrari no era por entonces muy pujante, como no lo es ahora con Alonso, aunque había tenido su momento de gloria años antes con Niki Lauda -siempre los precedentes estiran un poco hacia atrás en el tiempo el momento justo en el que empezamos a seguir algo. Pero yo era (y soy) descarada y definitivamente de Williams. Qué poderío. ¡Y qué dichoso peso metálico el de toda la F1!

Cuando en el Street Circuit de Valencia pasaba Vettel, que a la postre ganó el Gran Premio y el campeonato de 2010, un tractor bien engrasado montado en una vía de ferrocarril parecía pasar ante nosotros. Qué precisión en el montaje. Qué bien encajadas todas las piezas. Cuando pasaba Hamilton con su McLaren, qué velocidad a ras de suelo, qué salida de la curva. Cuando pasaba Alonso, pues ya se veía que el Ferrari ni fu ni fa, es decir, que ni tenía velocidad punta ni se agarraba al asfalto como Dios manda. Pero, ah, cuando pasaba el Williams de Barrichello, entonces se podía hasta *sentir* que aquello era

un Williams, qué aerodinámica, qué estilazo. Eso sí, de mitad de tabla. Lejos quedaban los tiempos de Nelson Piquet cuando se proclamó campeón del mundo con un Williams en 1987.

Fue un fin de semana hermoso en una Valencia soleada hasta el infinito. Todo el rugir de los motores, toda la brillantez de los neumáticos, toda la clase de los pilotos (lo más destacable de una carrera un tanto monótona es que Webber saltó por los aires en las primeras vueltas) valieron la pena. Valieron la pena para ese profesor a punto de ser injustamente sancionado por cosas que o bien no sucedieron o bien sucedieron de distinta manera a como la cuentan, y sobre todo valieron la pena para ese niño con el coche de juguete en su mano derecha. El viaje de vuelta a Elche fue por tanto más llevadero. Aunque lo más duro estaba por llegar, algo empezaba a recuperarse en mi existencia. Quizá el secreto más profundo del niño que todavía soy. Entretanto me enteré de que Alemania ganaba a Inglaterra en el Mundial de Suráfrica. Qué importa. Ahora recuerdo la canción de Los Flechazos, que podría ser la divisa más íntima de mi vida:

"Sigo andando a toda velocidad porque soy capaz de luchar contra el viento,
vuestra intolerancia no va a borrar los sueños que no borra ni el paso del tiempo,
ya no es un asunto de soledad porque no estoy solo, hay muchos más,
no puede parar, ya no puede parar, hoy creo que todo vuelve a empezar sé que todo vuelve a empezar"

CLUB DE TENIS

Podría ser del club de fans de Buddy Holly pero no lo soy. Podría ser del club de fans de Spinoza pero no lo soy. Podría ser miembro del club de fans de Loquillo o de Lebron James si tal cosa existe, pero tampoco lo soy. Hablando de clubs, yo solo he pertenecido a uno, y es el Club de Tenis Vilanova.

Mi padre es el culpable. El sueldo le llegaba para ser socio de dicho club, aunque en los últimos tiempos allí se iba con el 127 de color amarillo que se acababa de comprar en el mercado de segunda o tercera mano. Hay alguna foto de mi padre jugando al tenis, pero esencialmente mi padre era jugador de frontón. Todos los domingos allí estaba, jugando al frontenis o frontón, con la raqueta pertinente y la pelota amarilla de plástico, jugando en el puesto de delante, el más próximo a la pared frontal. Quién ha ganado, papá, le preguntaba ingenuamente yo. Quién va a ganar, hijo, me contestaba. Papá había vuelto a perder. La respuesta de mi hermano mayor Jorge era más filosófica; como el empate no era posible, siempre decía: el que no ha perdido. En fin, que mi padre falleció y en los años sucesivos a su muerte le dedicaron como homenaje un torneo de frontón en el CT Vilanova: Memorial Conrado Brotons.

Al frontón, en la otra pista, solía jugar yo cuando estaba aburrido. También hubo una mesa de ping-pong, que probamos alguna vez. Pero básicamente iba yo al club de tenis acompañando a mi padre, a tomarme un refresco y una bolsa de patatas, viendo algún partido de tenis en la pista número 1 desde el salón del club o al aire libre sentado o correteando en las gradas habilitadas al efecto. Hay una anécdota que revela bien mi relación con el único club al que he pertenecido en mi vida. Mi padre iba a comprarme un pastelito. De qué lo quieres, me pregunta. Y yo, ni corto ni perezoso, le contesto: de cromo. Que tuviera premio, eso es todo.

Como ya he explicado, practiqué el hockey sobre patines en alguna ocasión en el club de tenis. Querían organizar una sección y allí estuve yo golpeando con violencia la pelota con el stick. Iba para defensa de esos que chutan desde el medio del campo. Más adelante, cuando ya no iba más al club de tenis, organizaron una sección de fútbol-sala, y el equipo jugaba en la liga local. La liga local tenía varias categorías. Con el Cal Tano, empezamos en la tercera, llegamos a ascender a la segunda y a quedar quintos solo por detrás de los cuatro primeros, de los cuales dos subían a la primera categoría directamente y otros dos promocionaban.

Apenas tenía relación con los otros muchachos del club de tenis. No eran mi estilo de gente. Algunos se pensaban que aquello era el Real Club de Tenis de Barcelona, o que porque te fiaban en el bar luego no tenías que pagar la cuenta. Me acuerdo muy bien de lo del bar del club, apúntalo en la cuenta, eso siempre da gusto decirlo. Pero mi padre siempre pagaba al final del día. Cosa que no pueden decir igualmente todos los que allí se reunían. Mi padre iba al tenis, como ya he dicho, a jugar al frontón los domingos, y los días de cada día allí se iba a tomarse unas cervezas y a hacer el crucigrama. Así era papá.

Pero hablemos de tenis, ese deporte individual que tanta pasión levanta en España últimamente, gracias a las Copas Davis ganadas o a Rafael Nadal, el mejor deportista español de todos los tiempos según los lectores del diario Marca. Jugué al tenis varias veces en el CT Vilanova. Aún recuerdo vivamente las siete u ocho pistas de tierra batida que poseía. El olor a tierra batida de las pistas, el aire cálido del recinto, el olor a hombre y a reflex de los vestuarios, donde siempre había alguien duchándose o cambiándose en semi silencio. Qué recuerdos. Un verano, mi padre nos apuntó a mí y a mi hermana a un cursillo de tenis acelerado. Allí íbamos caminando desde el apartamento, con nuestras flamantes raquetas, en las hermosas mañanas de julio de verano. Todo tenía un aire como de novela de Nabokov. Deporte y belleza conjuntados. No le pegaba yo mal al drive sobre todo, costándome más el revés. Era claramente un jugador de la escuela española, esa que ha conquistado Roland Garros tantas veces, y eso sin contar la leyenda de Nadal en el torneo parisino. Hasta tal punto no lo hacía mal del todo que uno de los entrenadores, llamado Fernando (creo

que Martínez de apellido), que había sido campeón de España de veteranos, me propuso ir a entrenar al tenis durante el invierno. No acepté la propuesta, aunque la rechacé muy agradecido. Los estudios, el inglés, el baloncesto, eran demasiadas cosas para dedicarme además como federado al tenis.

Más adelante, fui mucho al club con mi amigo Xavi Montserrat. Allí jugábamos largos partidos a cinco sets, eternas contiendas en las que se prueba el espíritu humano. Dice el escritor Pierre Sansot en su libro Le rugby est un fête, le tennis non plus: "L´assurance de la similitude, cela ne veu pas dire que nous sommes égaux en dons et mérites, mais que nous participons à la même aventure, celle de l´espèce humaine". En efecto, los partidos, tanto de tenis como de los otros deportes, empiezan 0-0 (dejo ahora de lado los handicaps en las carreras de caballos). Esa semejanza inicial no significa que seamos robots idénticos, sino que compartimos algo igual de partida. Solo porque compartimos una semejanza podemos disputarnos un juego, donde uno hará la diferencia y será superior al otro gracias a sus dones o méritos. Pero la semejanza de partida permanece. Como se suele decir, unas veces ganan unos, otras ganan otros. Pero la aventura es la misma. El abrazo final de los deportistas simboliza ese dato, que, repito, no desmiente el hecho de que después uno haga la diferencia y se imponga al otro. La emoción del juego disputado es posible porque el perdedor, como decían de los héroes griegos, siempre es a su vez un posible ganador.

He tenido un ídolo en el tenis y ese no es otro que el estadounidense John McEnroe. Una vez, antes del concierto de The Who en Zaragoza, conocí al padre del tenista Tommy Robredo, que se llama Tommy precisamente por la ópera-rock del grupo londinense. Su padre es profesor de tenis y un apasionado de la música rock. Le pregunté quién era para él mejor jugador de todos los tiempos, o el que más le gustaba, y me dijo: Agassi. Francamente, me llevé una decepción. El tenista con nombre de científico (me recuerda a Agassiz, el científico de referencia de los pragmatistas americanos) no me parece en absoluto el mejor tenista de todos los tiempos o el más atractivo para el espectador. No sé en qué estaría pensando Robredo padre, quizá en la melena del jugador yanqui antes de raparse el cuero cabelludo casi al cero.

Me podría haber contestado con la respuesta ortodoxa en nuestros días: Federer, ya que tiene más Grand Slams que nadie, diecisiete. Federer es un tenista excepcional. Con decir que en vez de jugar al tenis parece que juegue al ping-pong está todo dicho. Pero para mí el mejor jugador de todos los tiempos es Bjon Borg. Borg es el tenis. Esas raquetas de madera Slazinger, esos polos, esa leyenda, el aroma a tenis por todos los costados, en efecto, eso era Borg aunque cuando yo empezaba a jugar al tenis él se hubiera ya retirado.

Pero decía que mi ídolo no era otro que John McEnroe. Recuerdo sus duelos épicos contra otro mito de la raqueta, Ivan Lendl. Dijo Lineker aquello de que el fútbol es un juego de once contra once en el que siempre ganan los alemanes. Para mí el tenis es un partido entre mi ídolo McEnroe y Lendl en el que siempre gana el tenis reservón, monótono y aburrido de Lendl. Así es como lo recuerdo, viendo tumbado sobre la alfombra del comedor los interminables duelos entre el americano y el checo.

Hoy en día, los duelos entre Nadal y Federer, o entre Nadal y Djokovic, han suplido aquella rivalidad sin igual. Pero yo ya no tengo la paciencia de seguir un partido de tenis a cinco sets. El último partido de tenis que he visto entero, pongamos que, durante cinco horas seguidas, no lo recuerdo. Me sigue encantado el olor a tierra batida, el golpeo más acompasado del juego en polvo de ladrillo; me sigue enamorando el juego rápido e imprevisible del juego sobre hierba: me sigue impresionando el veloz juego sobre pista rápida. Los passing-shots, el banana shot, las dejadas en la red, las voleas, los smahs. Pero partidos a más de tres sets, ya apenas los veo. No es que no me guste el tenis, y constato sin duda de que disfrutarlo a cinco sets es disfrutarlo a lo grande. Pero... debe ser aquello de Groucho Marx. Cómo era: no se fíen de un club en el que yo esté admitido como socio. Algo así. ¡Pam!

UN DÍA EN LAS CARRERAS

Fuimos a Madrid desde Castellón con ganas de gresca. Aún éramos jóvenes, ya teníamos dinero y nos habían prometido que el jinete irlandés Kieren Fallon, ganador tres veces del Derby de Epsom, asistiría y correría en el Hipódromo de La Zarzuela. Allí fuimos, como digo, con ganas de pasarlo bien, pero Fallon no se presentó. Me parece que fui el único de la expedición en lamentarlo.

Pero volvamos la vista atrás. Sí, otra vez a la infancia, perdida y recuperada recurrentemente. Veamos. Los caballos siempre han resultado un misterio para mí. Han simbolizado el misterio de la vida. Desde que los veía pastar en la masía de mi amigo Carles Giró, uno negro, los demás blancos y grises, los caballos siempre me han llamado la atención. Aunque mi animal favorito fue siempre el cachalote -tenía uno pequeño de juguete con el que imaginaba aventuras oceánicas en el apartamento playero de mis padres-, el caballo acabó imponiéndose como animal fetiche de mi existencia. ¡Hasta unos compañeros de colegio me decían que tenía la cara de caballo! Qué cosas se dicen los niños, la verdad.

Bueno, mi primer recuerdo de una carrera de caballos es, cómo no, el del Grand National, celebrado a las afueras de Liverpool desde 1839. Como es sabido, es una carrera de obstáculos, que daban no obstante por televisión todos los años. Y allí estaba yo,

dispuesto una vez más a enamorarme de la velocidad de los caballos y de la destreza de los jinetes. Cuando conocí personalmente al filósofo Fernando Savater le comenté algo sobre el Grand National, pensando que le gustaría la referencia. Lo cierto es que el escritor no mostró demasiado entusiasmo; él prefería, como dejó claro en sus libros sobre las carreras de caballos, las carreras lisas: *flat and fast*, sin obstáculos y sin handicaps.

Mucho más tarde asistí por primera vez a una carrera de caballos. Fue en las cercanías de Mahón, Menorca, isla en la que me mi madre se crió hasta sus dieciséis años y que yo visité por primera y de momento única vez a mis treinta. Era una carrera de trotones. No era lo mismo que yo había visto en el Grand National o había leido en los libros de Savater, pero al fin y a la postre eran caballos. Existe una enorme tradición de carreras de trotones en las Islas Baleares. Durante la jornada, anunciaron por megafonía que un jinete mallorquín se había proclamado campeón de Europa de trotones. Ni más ni menos.

Salí de la cala de Alcaufar camino de San Luis. Allí me dejaron. El resto del trayecto lo hice a pie, hasta el hipódromo, bajo un sol de agosto que a la postre padecí en forma de mareo. Pero esto merece una explicación. Antes de salir, la anfitriona que nos hospedaba a mí y a mi madre en su apartamento, me dijo que apostase por tal jinete, que era amigo suyo. Cuando por fin llegué al hipódromo me fui al bar, a refrigerarme. Pero además me compré un puro. Y una camiseta del hipódromo, que aún conservo. Y acto seguido me fui a las taquillas a apostar. Y aposté por el jinete que María Rosa, la amiga íntima de mi madre, nos había dicho. Y la carrera en la que corría nuestro querido jinete mahonés empezó. Por allí andaba algún famoso, como por ejemplo uno de los integrantes del celebérrimo dúo cómico Martes y Trece. Pues bien, la carrera se lanzó y allí estaban los trotones corriendo, conducidos por los jinetes en aquella especie de áurigas. Y me situé justo delante de la recta de meta. Cuál es el mío, me pregunté. El número tal. De acuerdo. Y la carrera dio las vueltas pertinentes y se encaraba ya la recta final cuando el jinete por el que había apostado empezó a recuperar posiciones hasta que justo al final, al cruzar la línea de meta, pasó el primero. Había ganado y yo con él. Fue la primera vez que gané una apuesta deportiva y hasta el momento no se ha vuelto a repetir. Lo curioso del caso es que la única quiniela que mi padre ganó en su vida fue una QH en la época dorada de los años 80.

En fin, entre el calor y el humo del puro y la apuesta ganada me dio un sofocón tremendo. Tuve que dejar el cigarro puro y dejar de sonreir lleno de felicidad por un momento. Bueno, con un poco de agua se arregló la cosa y volví a las carreras a disfrutar de lo que restaba de jornada. Luego me fui a las fiestas de Alayor, donde el caballo es el rey. La única plaza donde entra un solo caballo, de tan pequeña que es. *Ara va de bo, ara va de bo, Ciutadella!* Regado con un poco de *ginet*, tocando con sumo respeto pero también con todo el calor posible al caballo que se erguía majestuoso frente a la muchedumbre, fue una experiencia inolvidable.

Pero en Madrid los caballos iban a ser caballos que galopan, sin obstáculos, sin handicaps y sin carros. Solo el jinete montado a horcajadas sobre el corcel bravo y veloz. Lo primero fue llegar al Hipódromo de La Zarzuela. Fuimos con Tatiana, una chica madrileña que conocimos en Barcelona. Era licenciada en filosofía y le conté aquel chiste filosófico: "What is matter? No mind. What is mind? No matter" (¿Qué es la materia? Lo que no es mente. ¿Qué es la mente? No te preocupes). Pasamos en coche por delante del Pardo. Esa parte de Madrid no la conocía. Por fin llegamos al hipódromo, y aunque no había lo que se dice un lleno a rebosar de gente, el ambiente era agradable y acogedor. Lo primero que vi fue a unos seres diminutos vestidos de colores bonitamente conjuntados. Sí, amigos, eran los jockeys, que sí, amigos, son bajitos hasta la risa. Pero qué jockeys. No andaban ya por entonces Claudio Carudel ni Tolo Gelabert en las carreras, pero sí mi ídolo actual, José Luis Martínez. Fallon no se había presentado, pero aun así joviales y dichosos nos fuimos a tomar algo al bar del hipódromo.

Y luego empezaron las carreras. Aposté algo, pero, como digo,

no volví a triunfar. No vimos a Fallon, pero sí a Savater, a su hijo y
a sus hermanos. La primera vez
que traté personalmente con Savater, aparte de hablarle del Grand
National, mencioné a Lester
Piggott, y esto sí le hizo mucha gracia al escritor. Bueno, allí en La
Zarzuela no había ningún Piggott
pero disfrutamos de las carreras
todo lo que pudimos. Uno del
grupo de amigos, vasco él, ganó
algo en las apuestas, y luego nos
marchamos todos contentos de
vuelta a Madrid y en mi caso después de vuelta a mi casa de Castellón.

Conservo una fotografía de
perfil de pie en las gradas del hipódromo. Me la hizo Tatiana. Parezco un monje zen. Meditando
sobre la extrañeza de la vida. En la
lejanía, el *skyline* de la ciudad de
Madrid. Cercado por un bosque
que se mezclaba casi con ese jar-
dín deportivo que es el hipódromo. No he leido a Bukowski,
así que no puedo acabar con un
elogio literario de los caballos. Me
acuerdo ahora de la canción del
"Sticky Fingers" de los Stones titulada *Wild Horses*. Pero poco
más. Como mi día en las carreras
de caballos fue un día filosófico,
acabaré como dice Nietzsche que
deben hacer a veces los filósofos:
callándome. Y que corra delante
nuestro el corcel volador, a ser posible *Cielo Canarias*. ¡Hala!

SALIR A NAVEGAR

*Hombre libre,
¡tú siempre preferirás el mar!*
Charles Baudelaire

No soy de los que salen a navegar
el fin de semana. He estado algunas veces en el Club Náutico de
Vilanova, eso es toda mi relación
con la vela. Bueno, no, miento.
Cuando era pequeño, en un *casal*
de verano, pudimos disfrutar unos
días de algunos ejercicios en el
puerto de mi ciudad practicando
optimist. Ahora sí, eso es todo.
Bueno no, miento otra vez. Y es
que no puedo dejar de registrar la
anécdota, nada optimista: tan
torpe soy en esto de la vela que,
en medio de las aguas calmadas
del puerto, me caí al mar. Saqué
la pierna derecha llena de sucie-
dad. Eso sí lo recuerdo, y sí, ahora
sí, ahí acabó mi relación con la
vela.

Pero en un libro dedicado a
los deportes, no podía faltar el deporte que más medallas olímpicas
ha dado al deporte español: la
vela. Poco puedo decir de las clases más típicas de los JJOO, porque no tengo ni idea, pero sí voy a
relatar cómo viví la America´s
Cup celebrada en Valencia en
2007. Fue la 32ª edición. El defensor era el Alinghi suizo y la disputó contra el barco Team New
Zealand de Nueva Zelanda. Algunas voces expertas dicen que la
Copa de América es el tercer
evento con mayor impacto económico para el país que lo acoge tras
los JJOO y el Mundial de fútbol.
La primera edición, bajo el nombre de Queen´s Cup, se disputó

en 1851 con motivo de una Exposición Internacional en Londres. Es una competición, pues, muy vieja, pero llena de pasión para los entendidos y de glamour para el simple espectador.

El Alinghi suizo representaba a la Sociedad Náutica de Ginebra, que, como no tiene mar, cuando venció en 2003 al Team New Zealand de Nueva Zelanda eligió como sede local a la ciudad de Valencia. Lo cierto es que aquello se celebró como si a Valencia le hubiesen tocado los JJOO. La transformación del frente portuario fue similar a la efectuada en Barcelona con motivo de Barcelona´92. Allí se corría además el Gran Premio de Europa de F1, en el Street Circuit. Y por allí anduve yo, un día soleado, visitando el bonito edificio *Veles e Vents*, que debe su nombre a un verso del poeta trágico Ausiàs March.

Bien, pues el Alinghi había destronado al Team New Zealand y se disponía ahora a defender su título. Y a fe que lo consiguió. Un barco perfecto, un poco pesado pero velocísimo, fue su arma. En frente, otra vez el Team New Zealand, que pese a perder se llevó una ovación de los espectadores. Yo lo pude seguir por el canal autonómico valenciano. Fueron unas semanas de puro espectáculo. Primero, la presentación de los equipos, entre los cuales había varios italianos y uno español, que finalmente quedó cuarto, creo recordar. Luego, los desafíos entre los varios retadores, de los que salió victorioso el bravo Team New Zealand. Pero en las regatas finales, ante el bólido del mar,

Alinghi, no pudo hacer más. El trofeo, la Copa de las Cien Guineas, se quedaba en casa.

En 2010, el equipo BMW Oracle Racing, del millonario norteamericano Larry Ellison, representando al Club de Yates Golden Gate de San Francisco, derrotó a los suizos y devolvió la Copa a los Estados Unidos, tras quince años de periplo por Oceanía y Europa. Esta vez no seguí las regatas sobre la líquida llanura, que diría un tal Homero, porque todo fue un poco decepcionante. No hubo desafíos previos. Un tribunal de Nueva York decidió que así fuera. De acuerdo, señoría. La competición se hizo con catamaranes, que quizá pueden correr más, pero no son más espectaculares, pese a que sus vuelcos aparezcan más a menudo en televisión que el simple y llano deslizarse de los grandes barcos por la mar embravecida al albur de los vientos.

¿Qué recuerdo me queda de la Copa de América´07 celebrada en Valencia? Pues me queda el recuerdo de haber descubierto un deporte apasionante, nada aburrido, al que a la postre le viene bien la definición de la F1 del mar. Recuerdo, ya lo he dicho, el casco perfecto del Alinghi, quizá menos maniobrable que el aparentemente más ligero casco del Team New Zealand. Pero recuerdo cómo una y otra vez el Alinghi le tomaba la delantera al barco neocelandés y llegaba primero a la meta. Fue una America´s Cup sensacional, digan lo que digan en Nueva York. La gente estaba entusiasmada, y yo mismo no me quería perder por nada del mundo a esa especie de ballenas corriendo con las velas abiertas sobre el mar de Valencia.

Hace algunos años ya, conocí a un chico inglés que acababa de llegar por mar desde Tailandia a Vilanova. Lo había hecho en un barquito de doce metros de eslora y bajo el mando de un capitán suizo. Tenía pinta de arponero, y unos andares majestuosos. Era, esencialmente, muy astuto y por cierto simpatiquísimo. La última vez que lo vi quería irse a las Canarias a sacarse el carnet de capitán. Estaba interesado en la prehistoria, y su madre le envió unos libros sobre los primeros homínidos y su relación con el agua. Su dirección, entonces, era el barco, donde dormía y vivía mientras no estaba con nosotros en el chiringuito donde yo trabajaba y donde le conocimos. Se había cambiado el nombre y se hacía llamar Swinny Swinbanks.

Para mí era como estar junto a un verdadero marinero, no diré pirata porque no lo era, pero sí marinero de agua salada, como los de verdad. Swinny nos contó muchas cosas, su experiencia con el opio en Tailandia entre otras. Pero básicamente recuerdo la lección que siempre insistía en recordar, y que viene también en el *Moby Dick* de Melville. Cuando estás en medio del océano en un barco de doce metros de eslora, tienes que llevar mucho cuidado en dónde pisas. Si pisas mal y vas al agua, estás muerto. Esa es la lección. Melville la pone en boca de no recuerdo ahora qué personaje, pero viene a decir lo mismo. Qué importa entonces que si Locke o que si Spinoza. Más vale lanzar esos libros por la borda y estar atento. Muy atento.

JUGAR AL GOLF

Hay en la vida de una persona cosas imposibles de hacer. Una de ellas es, para mí, jugar al golf. Lo he intentado alguna vez. Recuerdo con nostalgia cómo íbamos a jugar al mini-golf a Sitges con los primos sevillanos de mi amigo Enrique Cordón, todos los veranos, en los dorados años ochenta de mi infancia y preadolescencia. Pero una cosa es el *putt* del mini-golf y otra jugar al golf. Lo comprobé años más tarde cuando con mi primer cuñado, danés él, fuimos, cerca de Barcelona, a intentar levantar pelotas de golf con palos reglamentarios a un *pitch and putt*. Me fue, como he dicho, imposible levantar y lanzar al aire pelota alguna. Carezco de swing, eso es todo.

Carezco por completo de swing, pero no de imaginación. Con otros dos amigos, a los quince años, durante otro interminable y caluroso verano, organizamos un campo de golf en la tierra del patio del colegio de uno de ellos. Habíamos robado, mal me sabe decirlo, unas pelotitas de golf en los almacenes Harrods de Londres en un viaje a Inglaterra que hicimos algunos alumnos con el instituto. Y con unos sticks de hockey sobre patines -ya he hablado del hockey sobre patines de mi pueblo- hacíamos las veces de palos de golf. Uno solo, claro, para todos los tipos de golpeos a la pelota. Hicimos nueve agujeros, con sus correspondientes *greens,* y algún charco remedaba un pequeño lago en el dibujo del campo. Con todo esto, estuvimos unos días haciendo ver que jugábamos al golf, organizamos un campeonato y aunque no recuerdo quién ganó, nos lo pasamos en grande, como debe ser.

Jugar al golf es, por tanto, una cosa imposible de hacer para mí. Cada vez que paso en el tren de cercanías Vilanova-Barcelona por Sitges se ve el campo de golf reglamentario de la ciudad turística. Tras los cristales el verde césped, los hoyos, el club, y al fondo, el mar. Es un bello paisaje, la labor del hombre urbanizando el bosque selvático, para medirse una vez más con sus propias capacidades y quién sabe si con el destino.

Pero mi afición al golf se remonta a años atrás, prácticamente a la infancia. Severiano Ballesteros. El Open Británico y sus agrestes recorridos. La atmósfera del Masters de Augusta, en la bella Georgia estadounidense: "Georgia on my mind", como cantaba Ray Charles. Todo ello es para mí el golf, aparte del campo de Sitges que se ve perfectamente desde el tren. Todo ello y, ay, la imposibilidad de practicarlo.

No fue sino en Castellón cuando oí por primera y única vez hasta el momento una conversación en una cafetería de unos hombres hablando sobre golf. De Castellón es Sergio García, que

aún nos debe un *major.* Pues bien, ahí estaban esos hombres hablando sobre sus handicaps, sobre el par del campo, sobre *birdies* y *boogies,* en fin, la belleza de unas reglas sin las cuales no hay juego, ni competición. No me cuesta nada reconocer que me sorprendió dicha conversación y me alegré de que haya gente que en vez de hablar de fútbol o tenis o squash o paddle hable de golf en una cafetería cualquiera. Puedo decir que hasta me emocionó.

Y es que el golf es emocionante. Recuerdo una disputa con mi hermana por ver quién manejaba el mando a distancia de la televisión. Y es que en TVE iban a conectar con el Masters de Augusta, debía de ser abril, el mes más cruel de todos según el poeta TS Eliot, y mi hermana quería ver no sé qué. Venía de la época en que le gustaba Michael Jackson, así que no sé muy bien qué podía ser mejor que el Masters de Augusta. A mí no me cabía otra cosa en la cabeza. Y finalmente gané. Conectamos con el Masters y allí aparecía la verde pradera americana, con sus dieciocho hoyos, y sus hermosos *greens,* y el coqueto estanque dorado. Ah, el golf. Silencio, se juega.

Mi jugador favorito era el golfista inglés Nick Faldo, campeón del Masters dos años seguidos, 1989 y 1990, así que yo debía tener unos quince años. Faldo volvió a ganar en 1996, un año antes de la tremenda irrupción de Tiger Woods. Entretanto, pudimos ver cómo le ponían la chaqueta verde a José María Olazábal. Pero había otros grandes jugadores en los años en que yo seguía más el golf de lo que lo hago ahora: el veterano Jack Nicklaus, el alemán Bernhard Langer y Greg Norman, apodado el *Tiburón* por la prensa especializada. En la vida hay lecciones. Debemos aprenderlas, aunque nos frustren. De hecho, el aprendizaje de la educación no es otro que el aprendizaje de la frustración. Yo he aceptado que nunca podré jugar al golf, ahora que todo famoso que se precie lo primero que hace sea ponerse a jugar al golf, deportistas de otras disciplinas, políticos, cantantes, actores. Dicen que relaja. Verlo también relaja y es lo único que puedo hacer al respecto. Pero no exactamente lo único. Quiero decir que el golf saca de mí mi lado más extravagante, sea por imaginarme en un *green* cuando he jugado al minigolf o sea porque quién sabe si algún día repetiremos el campeonato que organizamos con sticks de hockey sobre patines. O sea, por ponerese a ver el Masters de Augusta. Thoreau, en su heroico *Walden,* afirma al final que ha querido ser todo lo extravagante que ha podido. Amo el golf porque me permite ser todo lo extravagante que imaginarse pueda en ese sentido. Aunque jugarlo de verdad no esté a mi alcance.

DEPORTES DE BASE

Si hablamos de deporte base, tengo que ser muy claro. En mi caso se trató de atletismo y de natación. Antes de jugar al fútbol (de lateral derecho), antes de pasarme al baloncesto (de base), yo empecé a hacer deporte en ambas disciplinas, precisamente las dos grandes lagunas del deporte español en los JJOO.

Empecemos por el atletismo. Mi primer recuerdo es como espectador. En mi pueblo se celebraba un campeonato, quizá de España, de marcha atlética. Eran los años de la gran rivalidad entre Josep Marín y Jordi Llopart. Allí estaba yo en el paseo marítimo de mi ciudad, frente al puerto, apoyado en una valla, con apenas seis o siete años, solo (ya entonces iba solo al colegio, mi madre me dio las llaves de casa a mis siete años), bajo un sol de justicia, seguramente un domingo de primavera o quizá de otoño. Y allí vi al primer atleta español medallista en unos JJOO, Jordi Llopart, que acababa de ganar la Plata en 50 km marcha en Moscú´80, ni más ni menos. Aunque yo era más de Josep Marín, que vestía de azul frente al rojo de Llopart, el aura mítica del atleta subcampeón olímpico se podía apreciar en todo su esplendor. ¡Ay, palabras que me faltáis para expresar lo que se siente y se vive y se ve cuando enfrente está un deportista de élite en su máxima expresión! Marín logró ser subcampeón del mundo luego en 1983 en Helsinki, Finlandia, pero yo ya no los vi juntos más.

Cuando apenas empezábamos la EGB nos apuntaron a atletismo. Competimos en todas las disciplinas para comprobar en cuáles destacábamos cada uno. Recuerdo que mi amigo Jaume Barcons corría como el demonio en los 100 metros lisos. Mis especialidades acabaron siendo la marcha atlética y el salto de longitud. No servía para correr, era lento. Recuerdo que, durante una época, los sábados por la mañana, hacíamos *cross* en campeonatos comarcales. Otro gran amigo, Agustín Pons, era un as del *cross*. Yo no quedaba ni entre los veinte primeros. Siempre en el pelotón de los torpes. La marcha atlética era otra cosa, pero recuerdo que en una competición celebrada en las pistas de atletismo de mi pueblo quedé el noveno y no pasé el corte a la final. El octavo fue otro gran amigo, Daniel Agut. Le deseé suerte para la final y ahora no logro recordar si la tuvo.

El salto de longitud no se me daba, pese a todo, mal. Qué sé yo, a lo mejor saltaba tres metros, pero me parece que quedé tercero. No lo recuerdo bien. Recuerdo, eso sí, que le ponía mucho empeño. Empeño es la palabra. Se nos inculcaba lo que ahora llaman cultura del esfuerzo. No me parece mal. Quizá resulta patético el atleticismo, como cuando dicen "Lebron James es solo físico", como si Wilt Chamberlain o Shaquille O´Neal o hasta el mismísimo Michael Jordan no hubieran aprovechado su "físico". Tampoco a unos niños les vas a pedir que desarrollen hasta el paroxismo sus músculos, pero

en la alta competición, eso es un factor ganador y no un hecho a evitar.

Mi aprecio por el salto de longitud ha sido, tras aquellas experiencias infantiles, duradero. Además, el salto de longitud ha dado grandes tardes al atletismo internacional. Cómo no evocar aquí el salto mexicano de 8, 90 metros de Bob Beamon en 1968. Es una disciplina que cuenta con especialistas, pero que a menudo se combina con otras pruebas. Por ejemplo, con los 100 metros lisos en el caso del gran Carl Lewis, el *Hijo del Viento*. O ya en su época en el caso de Jesse Owens.

Hablando de los 100 metros lisos, hay que reconocer que hoy por hoy se han convertido en la prueba reina del atletismo, sobre todo gracias a Usain Bolt, que para mí es el mejor deportista mundial de la más reciente actualidad. ¿Ha sido así siempre? Hombre, yo recuerdo levantarme de madrugada para ver la carrera de 100 m de los JJOO de Seúl, la famosa carrera en la que Ben Johnson batió a Carl Lewis y que luego le valió a Johnson el hecho de ser sancionado por dopaje y consecuentemente el Oro para Lewis. Lo recuerdo bastante bien. No solo nos levantamos mi padre y yo, creo que también mis hermanos. Eso habla bastante bien de la expectación que ya entonces levantaba la carrera de la pura velocidad.

Pero durante algunos años la prueba reina del atletismo fueron los 1.500 metros, que vienen a equivaler a la milla británica. La rivalidad en el medio fondo entre los británicos Sebastian Coe y Steve Ovett contribuyó sobremanera a tal emergencia. Los españoles tuvimos la suerte de coincidir con un atleta nuestro en aquella década dorada de los 1.500, con el Bronce de Abascal en Los Angeles´84 y el colofón del Oro de Fermín Cacho en Barcelona´92. Empero, el dominio africano ya empezaba a asomar con corredores talentosos, fríos y enérgicos a la vez como Said Aouita o más tarde El Guerruj. El dominio africano, aunque algunos de estos africanos se hayan nacionalizado europeos, es abrumador en la media distancia, pero sobre todo en el fondo. Kenia y Etiopía tienen su particular Superbowl en cada mundial u olimpiada en los 3.000 obstáculos, el 5.000 y el 10.000, tanto en el género masculino como en el femenino, igual que Estados Unidos y Jamaica la tienen en las pruebas de velocidad.

Hablando del medio fondo, hay una película preciosa protagonizada entre otros por Donald Sutherland en el papel del entrenador que inventó las zapatillas de la marca Nike. Es una película hermosa que trata de un vibrante corredor estadounidense de 3.000 metros en los JJOO de Munich´72. El chaval era una bala, pero le faltaba disciplina. Al final muere en un accidente de tráfico. Para él se diseñaron las primeras Nike (del griego *niké*: victoria), que, como todo el mundo que las ha probado sabe, son las mejores zapatillas del mercado, por delante de las Adidas, Reebok, etcétera. Y hay novelas sobre atletas. Leí con gusto una novelita del profesor universitario Sebastián Serrano, en catalán, titulada *Elogi de la passió pura*. Creo recordar que transmitía bastante bien la pasión de un corredor. Como digo, para mí Usain Bolt es hoy el corredor por excelencia, y recuerdo ver en directo sus dos prodigiosos récords del mundo en el Mundial de Berlín´09. La carrera de 100 metros fue preciosa, aunando la belleza con la efectividad del récord. La carrera de los 200 metros fue más espesa, más trabajosa, no tan bella, como apuntando única y exclusivamente al récord, sin esa soltura y facilidad a la que nos tiene acostumbrados el jamaicano Bolt, como él mismo reconoció después. Es como comparar la Eurocopa´08 que ganó España con el Mundial de Sudáfrica que también ganó España: esa Eurocopa es a los 100 metros lisos de Bolt en Berlín´09 lo que el Mundial 2010 a los 200 metros de Berlín´09. Es decir, una cosa bella, hermosa y eficaz a un tiempo la primera, y simplemente eficaz la segunda.

Pero pasemos a la natación. Poco después de acabar aquel curso dedicado al atletismo me apuntaron a natación. Todavía iba al colegio sito en Can Pahissa, una vieja casa modernista cuyos jardines habían servido como decorado de alguna película de época. Pues bien, ya de noche, en otoño, esto sí lo recuerdo bien, nos venía a buscar un autocar para llevarnos hasta Sitges a entrenarnos. Supongo que serían las instalaciones del CN Sitges, y bajo ese nombre llegué a competir, recuerdo una vez en Hospitalet. Quedé, sin demasiada gloria, quinto. Pero antes de calzarse unas zapatillas, uno debe aprender a atarse los cordones -un ejercicio escolar que recuerdo vivamente. Y yo aprendí a nadar no en Sitges ni en el mar de todos mis veranos, sino en el Club de Tenis Vilanova.

Allí, en una piscina para niños en la que sin embargo no hacíamos pie (esto es muy importante) me recuerdo llorando como un histérico. No estoy seguro de que el miedo que tenía lo haya vencido del todo a lo largo de todos estos años. Nado tranquilamente en el mar, incluso embravecido. Voy con cierta frecuencia a la piscina, y practico, un poco de *crawl*, un poco de braza, un poco de mariposa y un poco de la difícil espalda. Pero la angustia que sentí mi primer día en la piscina no la he dejado de sentir, me temo, nunca en todas las otras piscinas en las que he zambullido mi cuerpo. Y lo recuerdo bien. Supongo que es como los gatos con el agua. Me recuerdo en la ya mencionada competición de Hospitalet. El recinto cerrado. El agua. La gente. El gorro en la cabeza. De pie antes de saltar -yo me dedicaba al *crawl*. En fin, *la* angustia, como diría el filósofo danés Soren Kierkegaard.

Bueno, aquello duró un año. Luego pasé dos años en el fútbol y por fin el baloncesto. Pero no tengo demasiado buen recuerdo de mi paso por la natación. Una

de las entrenadoras en Sitges me tenía cierta manía persecutoria. No le caía demasiado bien. Claro, es que yo no era ni tenía por qué ser catalanista, como sí lo era ella. Además, estaba solo, sin ninguno de mis amigos. En suma, en aquella carpa cerrada donde entrenábamos no lo pasé demasiado bien, y me sorprende, porque ahora, en cuanto puedo, no me pierdo una prueba de natación mundial u olímpica. Puedo decir, pues, que he visto nadar a Michael Phelps, y que eso me ha gustado, aunque algunos expertos prefieran el estilo de Spitz a la insaciabilidad de Phelps. Yo por mi parte me quedo con... Johnny Weissmuller, sí, el Tarzán de las películas en blanco y negro, y cuya muerte, dicen que enloquecido por su fama lanzando el grito que hacía en sus películas, fue la primera noticia que yo recuerdo haber visto en un periódico de papel, en una ocasión de aquellas en que te asomas al quiosco para leer las portadas de la prensa.

Pero no solo de natación vive la piscina y no podría dejar esto, paciente lector, sin mencionar otras cosas. No, no voy a hablar de la natación sincronizada ni de los saltos de trampolín. Voy a hacerlo muy brevemente del waterpolo. Como he leído el libro del gran Manel Estiarte, *Todos mis hermanos*, lo recomiendo aquí fervientemente y punto. Allí explica Estiarte -hay una preciosa fotografía antigua de la piscina municipal de Manresa llena de gente al aire libre- cómo se fraguó la selección española de waterpolo que fue tantas veces medallista y campeona olímpica en Atlanta´96 y en los dos mundiales siguientes. Es un relato emocionante que vale la pena leer, como digo. La base del deporte son el atletismo y la natación. Por ejemplo, atleta antes que el mejor jugador de rugby de la historia fue el galés Gareth Edwards. Por ejemplo, antes que el mejor ala-pivot de la historia, Tim Duncan fue nadador. Cuando se habla y se debate sobre deporte base en España convendría tener estos datos muy presentes. Yo he intentado aquí relatar mi experiencia personal, que coincide con el hecho de que estas dos hermosas actividades físicas sean desde siempre la base de todos los demás deportes.

LOCUTORES

Dos locutores han marcado mi vida como espectador, oyente y consumidor de deportes. No más. Estos dos locutores son Héctor del Mar y, cómo no, Andrés Montes.

Héctor del Mar es argentino. Cuando aún no daban casi todos los partidos de fútbol por televisión, mi hermano Javier y yo los solíamos seguir por la radio. Así fue como empezó mi idilio con Héctor del Mar. En la infancia, sí, han acertado. Del Mar era innovador, y venía de Argentina, donde los locutores tienen imaginación y no tienen complejos. Si el partido lo dan por la radio, lo radian, registrando todos los detalles. Si el partido es por televisión, la narración no hace falta que sea milimétricamente desarrollada, y pueden hacer comentarios que entretengan al personal. Francamente, me parecen muy malos locutores esos que por televisión retransmiten un partido como si lo estuviesen haciendo por la radio.

¿Cómo enamoraba Héctor del Mar? Pues con frases y latiguillos, como, por ejemplo, "minuto *twenty-five*", o "minuto patito", que era el minuto 22. Aunque mi favorita era la frase de cuando sacaba el portero en largo y Del Mar soltaba aquello de "¡cuidado con los ovnis!". Maravilloso. Así escuchábamos mi hermano y yo los partidos de fútbol que echaban por la radio. Entretenidos e imitando la estrechez furiosa de garganta que empleaba Héctor del Mar en sus frases y latiguillos, con aquel inolvidable y suave acento argentino que poseía.

Después, ya a mediados de los 80, le perdí completamente la pista. Durante años estuve persiguiendo en las ondas radiofónicas a Héctor del Mar, pero nada. Nadie se le parecía ni remotamente, además. Una lástima. Entonces, mucho tiempo después, lo reencontré. Se dedicaba a trabajar para la televisión narrando esos combates ficticios de lucha libre americana. No era fútbol, pero entretenía la voz milagrosa de Del Mar. Toda la pléyade de personajes del *pressing catch* pasaba heroicamente por su labia. Hulk Hogan, El Rey Misterio, John Cena, los irlandeses, los latinos, el mastodonte (que era mi favorito y de cuyo nombre no me puedo acordar), el guaperas americano, etcétera. Debo reconocer que me llevé una decepción con Héctor del Mar entonces, aunque si le pagaban bien y aún era reconocido, bien merecido se lo tenía.

Si alguna vez me preguntaran cuál es mi gol favorito de la selección española de fútbol no contestaría: el gol de Torres en Viena, o el gol de Iniesta en el Mundial de Suráfrica. Mi respuesta es clara y tajante: mi gol favorito es el que le marcó Maceda de cabeza a Alemania en la Eurocopa´84, en la que finalmente España fue subcampeona. Tenía grabado en una cinta ese partido, pero la perdí, como tantas y tantas otras cosas en esta vida, hasta que finalmente se pierde la vida misma. Ahora no estoy seguro de que la retransmisión tuviera la voz de Héctor del Mar como protagonista, pero en mi recuerdo borroso esto es así. Antonio Maceda, "el Paul Newman del fútbol español" batiendo en un partido memorable a Schumacher con la voz de Héctor del Mar gritando gol.

Sobre Andrés Montes no diré mucho más. Su celebridad fue mucho más extensa e intensa que la del argentino. Cuentan que empezó en la radio, retransmitiendo fútbol y baloncesto madrileños. Luego, en los años 90, pasó al Plus, donde hizo pareja con Daimiel narrando los partidos de la NBA. Como no tenía el Plus, no puedo opinar de cómo lo hacían, aunque he visto algún video en YouTube. Dicen que formaban un dúo épico, capaz de hacer entretenido hasta el más soporífero

de los partidos de temporada regular de dos equipos haciendo *tanking*. Loor a ellos, pues. En mi caso, conocí a Montes en un programa del Plus en abierto, Generación+ creo que se llamaba: eran él y Juan Antonio San Epifanio, el legendario Epi. Lo más llamativo resultaba la música soul con la que solía acabar el programa. Montes era un experto en ese estilo musical.

Y entonces en 2006 llegó La Sexta y el Mundial de Alemania de fútbol y el éxito clamoroso y popular de Andrés Montes, quien no solo hacía partidos del mundial, sino que siguió haciendo los partidos de los Eurobaskets en septiembre por lo menos hasta el de Polonia´09, que fue el primero que ganó la selección española. Bueno, qué digo, ¡si fue Montes el que hizo el Mundobasket de Japón´06 con Iturriaga y Juanito de la Cruz!

Montes amaba los dos deportes, sabiendo transmitir la espectacularidad del baloncesto y la pasión por el fútbol respectivamente: "¡Cómo nos gusta el fútbol, Salinas!", solía decir, aunque en principio no son deportes muy semejantes y en Estados Unidos el *soccer* esté considerado como un deporte, no sin razón a veces, aburrido. Pero tengo para mí que el fútbol es lo primero, y luego viene lo demás. Ya lo he explicado en el caso de Daimiel, al hablar de la Edad de Oro del deporte español. Y creo que también es así en el caso de Andrés Montes, que solía referirse al juego del balompié con la acertada expresión de "fútbol con *fatatas*".

La popularidad de Montes llegó a su clímax con las retransmisiones, los sábados por la noche, de los partidos de la LFP, la liga española. Cada sábado el correspondiente encuentro de la jornada, por la Sexta. Desde Riazor, desde El Madrigal, desde el Sánchez Pizjuán, etc. Lo que contaban de sus madrugadas baloncestísticas en la NBA era cierto. Montes te *alegraba* el día, por muy triste que hubiera sido o por muy fastidiado que estuviera uno o por muy aburrido que el partido fuera.

Su muerte, que no sé por qué me recordó a la del gran Mariano José de Larra, ese típico suicidio madrileño del vuelva usted mañana, fue un golpe muy duro para todos. Todavía padecemos su ausencia. Sé de gente que se pone música en los cascos mientras sigue un partido de NBA por el Plus. En cuanto a la liga española, pues por mucho Alfredo Martínez, Manolo Lama o Manuel Carreño que nos echen, nada se disfruta igual. Montes era, ante todo, divertido, y pasional, entrañable también, y tierno, y alocado. Luego de su muerte, hubo mezquinas voces señalando de que, si trabajando era tiránico, de que, si se equivocaba con los nombres de los jugadores y los dorsales, toda esa presunta diligencia asquerosa y esa falsa tolerancia en verdad desalmada. También hubo gente que se alegró de su fatídico adiós a la vida. Sabemos quiénes son.

Qué importaba si alguna vez se confundía de jugador si era la jugada lo importante. ¡*Show must go on, that´s entertainment!* Y, en fin, para qué hablar de jugadores si Andrés Montes era sencillamente un p... genio poniendo motes. Motes que no voy aquí a recordar porque son tantos y tan acertados todos que todo el mundo los conoce de sobra.

Como a mi padre, se me olvidó decirle que le quería. Por eso se lo digo ahora: dondequiera que estés, gracias Andrés Montes. ¡Jugón!

NO PARES, SIGUE, SIGUE

Perdonadme, eruditos. Este libro no pretende ser una demostración de erudición ni yo soy un experto en nada. Este libro no pretende suplir a las revistas deportivas, ni a los periódicos deportivos, ni a los foros sobre deporte que en el mundo existen, ni a otros libros sobre deporte. Si en este libro se contuviera toda la sapiencia y todos los datos que distinguen a cualquier actividad deportiva, todo lo anterior dejaría de existir, y nos perderíamos una gran cosa, en verdad, como es comprobar el grado de dominio que los periodistas deben demostrar sobre las disciplinas de que son especialistas. Los palmarés, el dato, la fecha mítica. La mística, también.

Dejo dicho esto por adelantado porque voy a hablar de ciclismo, y sé que el ciclismo, ese deporte que gusta a tanta gente tan diversa -del escritor Cioran al presidente Rajoy, por ejemplo-, levanta auténticas pasiones eruditas entre los aficionados. De modo que me disculpo por adelantado por no ceñirme al frío análisis experto de corredores, etapas, fechas, cimas, velocidades, dientes de plato y piñón, etcétera, que caracterizan al fiel aficionado. Como en el resto de este libro, voy a hablar de mis experiencias personales con el ciclismo y de algunos de mis recuerdos del deporte de la bicicleta, aunque no por ello deje de considerarme, como el resto, también un aficionado fiel.

Y es que, a diferencia de otras disciplinas, a las que sigo siendo leal, aunque no exactamente fiel, lo mío con el ciclismo es un amor de toda la vida. Desde ya un lejano romance con el corredor Alberto Fernández hasta el interés - ¿qué hay de malo en el simple interés?- por la rivalidad que mantienen Froome y Contador. Pero antes de amar el ciclismo, yo amo la bicicleta, que aprendí a montar allá por los cinco años cuando me quitaron las dos ruedas pequeñas traseras de una bici que recuerdo de color verde, muy pequeña, con las ruedas gruesas.

Allí iba yo con aquel pequeño bólido aprendiendo a pedalear sin caerme, y cayéndome muchas veces hasta conseguir mantener la bici recta. La clave era seguir pedaleando, no parar. Por aquel entonces formábamos una pandilla un poco al estilo de *Verano Azul* en la que yo era el más pequeño, y por tanto el que siempre quedaba rezagado, y debía pedalear con más fuerza para no quedarme descolgado, ya entonces. Algunas de mis primeras caídas, como todas las caídas de los niños, eran épicas. Ja ja ja. Es aquello del

ahora me río, pero entonces qué daño. Los mayores nos organizaban *ginkanas,* y lo pasábamos de miedo en aquellos veranos de leyenda. Si íbamos a coger moras, o caracoles después de la lluvia, o a robar uva, o a meter un palo en un panal de rica miel, la bici no andaba muy lejos para la huida. Como los niños de *ET* huíamos imaginando que pedaleábamos en el universo, aunque fuera el astro sol y no la bella luna el que entonces dominara la bóveda celeste.

Aprendí a montar, pues, y ya todo fue sobre ruedas. Quiero decir que se fueron sucediendo mis monturas, que iban creciendo a medida que me iba haciendo mayor. Como a la escuela íbamos en bicicleta, era una cosa que se nos estropeaba a menudo. Y había que repararla. Tuvimos el honor y el orgullo de que quien nos reparaba las bicicletas era ni más ni menos que Vicente Iturat. "Me voy al Iturat", y allí íbamos con las manos en el manillar de la bici, pasando por la plaza de las Coles, a la pequeña tienda de bicicletas tocando La Geltrú donde un tal Iturat nos miraba serio y como molesto y nos daba fecha para pasar a recogerla. No podía saber entonces que Iturat -mira, ese es Iturat, podía haber dicho alguno- había corrido el Tour de Francia en la época de Bahamontes y había llegado a quedar quinto en una Vuelta a España. Tampoco sabía entonces que Iturat era de un pueblo de Castellón. Lo supe cuando me instalé en la ciudad valenciana. Resulta que la Vuelta a España de 2004, que ya se disputaba en septiembre, acababa una etapa llana en la capital de La Plana. Ganó Freire, el tres veces campeón del mundo de fondo en carretera, al sprint. Y allí, antes de los premios, estaba don Vicente recogiendo una placa de homenaje. Fue un día redondo, aunque apenas vislumbré a los corredores mientras llegaban a meta. Fue mi primer contacto directo, sin televisión, con la Vuelta.

Pues bien, como iba diciendo, ya sabía andar en bicicleta y la bicicleta estaba siempre en buen estado gracias a Iturat. Solo quedaba el ciclismo, y mi primer amor, como he dicho antes, fue el corredor cántabro Alberto Fernández, del equipo Zor (una marca de mecheros), que perdió la Vuelta de 1984 con el francés Eric Caritoux y meses después la vida en un accidente de circulación. Un amor trágico, para empezar. No está mal.

Luego vino la época de Pedro Delgado. Perico era un tanto polémico, y tras sus vanos intentos de ganar el Tour tras vencer en la Vuelta, declaró: "Es fácil ser primero en España". El periodista deportivo José María García, apodado el *Butanito,* tuvo más que palabras con Delgado. Pero Perico era un corredor apasionante. Cuando parecía que andaba mal, soltaba su característico latigazo y allá que se iba. Finalmente se proclamó campeón del Tour de Francia en 1988, vistiendo el amarillo en París. Creo que fue el año del primer *óscar* de Almodóvar. España ya estaba en la entonces CEE, y fueron días de vino y de rosas, aunque también, ay, de la cultura del pelotazo.

De aquel tiempo recuerdo la música de la Vuelta a España, una tonadilla pegadiza de estilo tecnopop -la movida todavía no se había ido por completo- que me gustaría poder reproducir aquí exactamente. Recuerdo a Marino Lejarreta y a José Luis Laguía, que siempre ganaba el premio de la montaña. Recuerdo mis primeros *giros* de Italia, la hermosa *maglia rosa,* y durante un tiempo que pillábamos la RAI en casa por no sé qué afortunado avatar, el bello italiano narrando la ronda transalpina. También recuerdo el récord de la hora de Francesco Moser, que se corría en un velódromo y en el caso de Moser en uno de Ciudad de México. Luego Induráin conseguiría en su época el récord de la hora.

Los años de los *tours* de Perico Delgado fueron maravillosos. La hegemonía del gran Bernard Hinault -grande e irascible- tocaba a su fin, y aparecían el velocísimo Fignon y el astuto Lemond. Contra todos esos y, ay, contra Stephen Roche, tuvo que lidiar don Pedro Delgado, hoy sabio comentarista de ciclismo en TVE. Qué recuerdos de la etapa de Alpe D´Huez en la que Delgado parecía que iba a sacar una ventaja definitiva para ganar el Tour y a los cuatro segundos de llegar a meta cruzaba Roche totalmente exhausto. ¡Se lo tuvieron que llevar en ambulancia! Esfuerzo al límite, puro ciclismo. Algunos de aquellos *tours* los veía en la casa de la abuela de mi amigo Sergi Cortiñas, a la que llamaban la *sínia,* por ser parecido a una pequeñita masía. Después jugábamos al ping-pong toda la tarde y en agosto, como he relatado en otra estampa, organizamos un campeonato de llamémosle golf.

Entonces sobrevino la era Induráin y sus gloriosos cinco *tours* seguidos, gesta nunca lograda ni por el elegante Anquetil, ni por el caníbal Merckx, ni por Hinault ni a la postre por Armstrong. Miguel Induráin tenía problemas en las subidas, pero en contrarreloj no se ha visto cosa igual. Era como un avión. Potencia y clase, y, claro está, un físico privilegiado. "¿Qué ha hecho Induráin?", preguntaba yo si no había podido ver la etapa veraniega del Tour por estar trabajando en un chiringuito de la playa, como quien pregunta qué ha hecho el Barça y con los mismos nervios previos y la misma exhalación de alivio y de felicidad tras comprobar un año más que Miguelón no nos fallaba. Grande Induráin. El mejor deportista español de todos los tiempos hasta la llegada de los Nadal, Gasol y compañía. Qué barbaridad.

Más tarde aparecieron Jan Ullrich y Marco Pantani, un paréntesis antes del estallido avasallador de Lance Armstrong, el perdedor de siete tours seguidos. De 1999 a 2005 no hay sencillamente ganador. El problema del dopaje, que ya se discutía en los inicios del Tour cuando se acusaba a algunos corredores de tomar cocaína, apareció con toda su miseria entonces. Y España estaba en el ojo del huracán. Pese a ello, tras la época de Armstrong, los españoles vencieron consecutivamente cuatro veces en la ronda gala, y especialmente meritoria fue la victoria de

Carlos Sastre en 2008, con una brillante ascensión en la etapa de Alpe d´Huez. Sastre fue recibido como un héroe en... Bélgica, donde hay una enorme afición al ciclismo. Fue un triunfo que gustó a todo el mundo, porque se veía que Sastre no andaba ni remotamente dopado, hizo un gran esfuerzo, sin animaladas inexplicables desde el punto de vista genéticamente humano, fue más inteligente, y ganó.

He preguntado esto del doping a gente honesta que se dedica semi-profesionalmente al ciclismo. Su respuesta, lamento decirlo, ha sido evasiva. Que si alguna ayuda... Bueno, no sé. Esto del doping se remonta realmente a los Juegos Olímpicos de la antigua Grecia. A veces los partidarios del doping, pues haberlos, haylos, me han llegado hasta convencer. Pero ante todo hay que resaltar que es perjudicial para la salud. La atleta estadounidense Florence Griffith no murió joven porque era una estrella de rock, sino porque consumía este tipo de drogas tan dañinas. Pero una cosa sí que sé por propia experiencia. A los quince o dieciséis años yo me hacía cuarenta kilómetros en bicicleta como si tal cosa. Por las hermosas carreteras comarcales cercanas a mi localidad, iba yo sin pestañear pedaleando lúcidamente. Casi sin esfuerzo, o con un esfuerzo que me gustaba realizar, me iba hasta el pantano de Foix, nueve kilómetros para ir y nueve para volver, o más allá, a veces acompañado de amigos, nos íbamos hasta Aiguaviva, o yo solo, en plena canícula veraniega, me hacía, como digo, cuarenta kilómetros tal cual, de Vilanova a El Vendrell y volver. No he estado nunca en mejor forma física pero no soy precisamente un atleta. Quiero decir que se pueden hacer doscientos kilómetros diarios en una vuelta de tres semanas si eres profesional. Un fuera de serie, vamos. Claro que todo depende de la velocidad con la que se vaya, como diría Alejandro Valverde. Realmente, si eres un corredor excepcional, no necesitas aditamentos. Valga esta sucinta reflexión para zanjar el asunto del dopaje.

Pero hablando de Valverde, no me querría olvidar de comentar lo del valverdismo antes de ponerle punto y final a esto. Resulta que un día leyendo la sección de deportes de *El País,* lo único que leía prácticamente de *El País* antes de dejar de leerlo, me encontré esta expresión, "valverdismo", dicha peyorativamente por un periodista cuyo nombre ahora no recuerdo. Resulta que solo ha habido dos corredores que me han hecho levantarme de la silla, uno fue, como ya he insinuado, Perico Delgado, y el otro, Alejandro Valverde. El palmarés del murciano no es todo lo que imaginábamos que podía ser. No tiene un *tour* y solo una *vuelta.* Pero siempre ha estado ahí. Un corredor apasionado e inteligente a la vez. Todo depende de la velocidad a la que se suba. Puede ser el Tourmalet o los Lagos de Covadonga o el Angliru o la Bola del Mundo o el Mortirolo. Pero puede ser la cuesta que lleva a tu casa. Todo depende de lo que cueste, valga el juego de palabras. Lo importante es, como aprendimos de pequeños, no parar, seguir y seguir hasta que nos entierren en el mar.

SOLO ES BALONMANO

"It´s only rock´n´roll, but I like it", cantaban The Rolling Stones. Cuando pienso en lo poco o mucho, no estoy seguro, que me gusta el balonmano, cuando pienso en lo mucho que a buen seguro gusta a mucha gente, entonces me digo: es solo balonmano.

Sobre todo, en Escandinavia y en Alemania el balonmano es deporte nacional. Pabellones de veinte mil espectadores llenos a rebosar, equipos potentísimos en las finales a cuatro de la Copa de Europa, etc. En España, no tenemos algo así pero el balonmano es, en cambio, dicen, el tercer deporte tras el fútbol y el baloncesto.

Dos Mundiales, tres Bronces olímpicos -les falta la final olímpica-, varias medallas en europeos. Este es el bagaje de la selección española de balonmano. Recuerdo el primer mundial, el de 2005, la final contra Croacia. Yo empezaba a ejercer como profesor de filosofía en Castellón y también empezaba la Edad de Oro de las selecciones nacionales, si bien la Copa Davis de tenis ya se había ganado por primera vez antes de esa fecha, cuando yo me sacaba el Certificado de Aptitud Pedagógica.

Mi relación con el balonmano es distante. No es un deporte que me apasione. La Liga ASOBAL, apenas la sigo. Estoy más cerca del *turf* que del balonmano, y ya es decir, porque he estado una sola vez en las carreras de caballos.

Sin embargo, el balonmano ha estado cerca de mí más veces de las que parece. Mi íntimo amigo Carles Giró se dedicaba como federado al balonmano. En el instituto practicábamos handball en las clases de gimnasia, y una de las clases de primero de BUP estaba formada por chicos que jugaban al balonmano. Estuve a un tris de estudiar con ellos, porque hacían francés, y como yo el inglés lo tenía en clases particulares por las tardes, mi madre quiso apuntarme a francés en el instituto. Pero al final me quedé en el grupo de primero de BUP que me había tocado inicialmente en suerte, de modo que no tuve como colegas de pupitre a aquellos muchachos conocidos por dedicarse al balonmano.

En mi pueblo, el balonmano es el típico deporte base. Hay cierta afición. Pero es en Alicante donde en verdad es religión. El Calpisa de Alicante fue un club que disputó la Copa de Europa, partiendo del histórico Obras del Puerto. En el instituto de Elche donde tenía la plaza definitiva conocí a un exjugador del Calpisa de aquella época de finales de los años 70. Era y supongo que seguirá siendo el profesor de educación física. Un hombretón ancho de espaldas y alto, aunque no demasiado, un prototipo de handballista. ¡Papitu!, le llamé yo alguna vez. En Cataluña, así como el baloncesto es religión en Badalona,

el hockey sobre hierba en Terrassa, el waterpolo y el hockey sobre patines en distintas localidades, el balonmano lo es en Granollers. Me alegra que hoy en día el Granollers vuelva a estar arriba en la élite.

Pero el gran dominador de la liga nacional de balonmano no es otro que la sección de handball del FC Barcelona. Y no solo de la liga nacional, sino también de la europea. El Barça es el club con más copas de Europa del viejo continente. Valero Rivera se lamentaba de que, a diferencia del baloncesto, no hubiera sección de balonmano en el Real Madrid, y de que por tanto la rivalidad Barça-Madrid no existiera en el deporte de la mano y la pelota. Muchas veces esa falta de rivalidad le ha quitado protagonismo mediático a la competición.

Existía la sección del Atlético de Madrid, que era el equipo que más simpatías me generaba. Recientemente hubo un conato de revivirla, pero ha vuelto a desaparecer. Pretendió ser la continuidad del gran Ciudad Real, que tiene tres EHF Champions League, esto es, Copas de Europa. Pero desapareció también como desaparecieron los viajeros del fantasmal aeropuerto de Ciudad Real, llevados por la Gran Recesión económica. Así sobreviven mal que bien históricos lugares del balonmano nacional como León, Valladolid, Santander y Pamplona.

Del viejo Atlético de Madrid de balonmano me gustaba el portero, el mítico Lorenzo Rico.

¡Esos pantalones verdes, si no recuerdo mal! De la escena actual internacional, pues Francia, con Karabatic y Omeyer al frente, qué poderío. Y en los años 90, Rusia y Suecia, qué partidos de alta tensión, qué disparos lejanos. El balonmano empezó siendo un deporte de once contra once jugado en un campo de fútbol. Hoy es una disciplina totalmente *indoor,* de relativo gran éxito internacional.

En definitiva, solo es deporte, pero me gusta.

NARIZ DE BOXEADOR

Me decía que tenía la nariz de boxeador. Me operaron de ello, de un tabique nasal torcido. Me lo decía cuando yo era muy pequeño el padre de mi amigo Camilo Villaverde. Camilo era argentino. Sus padres habían huido de la dictadura militar de Videla. Se habían instalado en Vilanova y antes de que se mudaran a Sitges allí íbamos todas las tardes de domingo a pasar el rato. El padre de Camilo, además de entrenador de baloncesto -ya sabéis que Argentina es campeona olímpica- era aficionado al boxeo. Me decía que tenía la nariz de un boxeador, por tenerla torcida, y empezábamos a hacer ver que boxeábamos. Eso era todo, pero era divertido.

Divertido y apasionante me resulta el boxeo, aunque no soy un gran aficionado. Que es un deporte violento, no cabe duda. Es quizá el deporte más sanguinario de los que existen, porque a los toros yo no los tengo por un deporte. Los hombres se miden en el boxeo hasta el límite de lo humano, que incluye sin duda lo violento de la vida. Formamos parte de la naturaleza y sería una salvajada no adecuarse a ello. Eso sí que sería una salvajada. Hay relatos de Conan Doyle sobre boxeo que deberían ser obligatorios en las escuelas.

Mi escaso seguimiento del boxeo se puede resumir en que creía que la película *Rocky* ocurría en Nueva York y no en Filadelfia. Me enteré cuando estuve en Nueva York, ya muy mayor. Vimos las escalinatas del Museo de Historia Natural que Rocky Balboa va subiendo acompañado de una música legendaria. Míticas imágenes que a todos nos animan. No sé yo en qué sentido tomarlo, pero el hecho es que Filadelfia, además de ser la ciudad de la Campana de la Libertad y de la independencia estadounidense es hoy en día la ciudad de *Rocky.* Postales de la Declaración del 4 de julio se mezclan con postales de Sylvester Stallone en el papel de su vida. Los que crecimos en los años 80 entendemos la lucha proamericana de *Rocky,* pero, repito, tengo dudas de si ponerla al mismo nivel que la lucha de George Washington, Thomas Jefferson y Benjamin Franklin.

Sea como fuere, no es baladí que el deporte de Rocky Balboa sea el boxeo. Hay una hermosa película de Paul Newman que remeda una especie de biografía de Rocky Graziano. Es en blanco y negro. Luego está *Toro Salvaje.*

En fin, hay muchas más. Pero la película pugilística por antonomasia no es de ficción. Es real. Es la vida y obra de Cassius Clay, más conocido por todos como Muhammad Alí, considerado por la revista *Sports Illustrated* como el "deportista del siglo XX".

La vida y milagros de Cassius Clay daría para otro libro, que algún amante serio del boxeo escribirá algún día en español. Digo serio refiriéndome a que no sea yo. Ejem. Pero sigamos. Alí fue un personaje controvertido. He visto algún *biopic* del sujeto en cuestión y lo cierto es que era tremendo. Alí tenía razón y no la tenía. Era el número 1, eso seguro. Harto de que le llamaran *nigger* en el sur de los Estados Unidos se convirtió al islam. De la Nación del Islam se hizo otro deportista también muy famoso, este más cercano a mi experiencia. Es Lew Alcindor, es decir, el baloncestista Kareem Abdul-Jabbar. Pero esta conversión al islam a mí no me acaba de convencer. Es un poco lo que podríamos llamar una americanada. Pensar que todo el mundo te cabe dentro de la mano. Bueno, entonces aún se podía vender que el islam es la religión de la tolerancia; hoy después de los atentados terroristas del 11-S eso costaría más.

Pero vayamos al grano. Aun como Cassius Clay, Alí ganó la medalla de oro en boxeo en los JJOO de Roma´60. Luego fue campeón de los pesos pesados en 1964. Lo volvería a ser en 1974 y 1978. Y eso que estuvo tres años sin boxear, padeciendo una suerte

de ostracismo voluntario al negarse a ser reclutado para la guerra de Vietnam.

Lo más brillante de la carrera de Alí, aparte de sus fulgurantes inicios, de su acerada labia, de sus posiciones político-religiosas, etcétera, me parece que es la rivalidad con otro grande, Joe Frazier. Dos estilos opuestos, dos mastodontes del cuadrilátero, dos americanos diferentes. Alí era mejor, pero lo tuvo que demostrar. En el primer combate, que hizo más legendario si cabe al neoyorquino Madison Square Garden, Frazier le derrotó con aquel inolvidable gancho de izquierda que dejó por un momento a Alí en la lona. Luego vino la revancha. Y, en fin, el *thrilla in Manila*.

Tuve la suerte de ver el combate entero por televisión. Fue en concreto por MarcaTV, que tenía un programa diario dedicado al deporte de los guantes. Los viernes, creo recordar, solían echar combates históricos. Vimos la victoria de *Smokin* Joe Frazier, y luego las revanchas. Todo el *thrilla in Manila* enterito. Un combate sin igual. Alí ya no se movía como una mariposa y picaba como un abejorro. Más bien tendía a aguantar la tunda de golpes que se le venía encima y, al final, rematar la faena con algunos golpes maestros. Fue estupendo verlo. Alí dijo al finalizar aquello de que nunca había estado tan cerca de la muerte. Frazier aún no se creía que hubiera perdido.

Me perdí en el mismo canal el combate histórico de Muhammad Alí contra George Foreman en

Kinshasha, Zaire, actual República Democrática del Congo. Esta vez el viejo Cassius Clay ganó por rotundo KO: quizá su victoria más contundentemente épica. Pero como la fantástica rivalidad con Frazier, nada. Al menos para mí.

Señalaba Nietzsche que su talento -concedámosle que lo tenía- residía en su nariz, o mejor dicho en su *olfato*. El olor a establo o las cumbres de la humanidad, he aquí los polos opuestos según el gusto olfativo del filósofo alemán. No sabría siempre asegurar que el boxeo forme parte de la cumbre humana y no a veces del olor a establo. He visto veladas de categoría llamésmola regional que me han desazonado un tanto. Mundo turbio, a veces, el mundo del boxeo. Pero sí me atrevo a afirmar con todas sus consecuencias que algunas de las cumbres de la humanidad se han logrado en el deporte del boxeo. No sabría razonar muy bien por qué o en qué sentido, aunque he intentado ejemplificarlo con el fabuloso caso de Cassius Clay, luego conocido como Muhammad Alí. Es más bien mi olfato el que me lo dicta así, o, mejor dicho, en este caso mío, mi torcida y chata nariz de boxeador, como me diría un argentino allá por el final de los años 70.

WIN OR GO HOME
A LA ESPAÑOLA

La ACB (Asociación de Clubes de Baloncesto) empezó su andadura en la temporada 1983-1984, unos meses antes de los JJOO de Los Angeles. Organizada por los clubes, venía a sustituir a la Liga Nacional, organizada por la FEB (la federación de baloncesto), que había iniciado su periplo en la temporada 1956-57. Pero la Liga Nacional no tenía playoffs, que es de lo que voy a hablar. Por tanto, hablaré sobre todo de la ACB.

Como es sabido, la expresión "gana o vete a casa" (*win or go home*) hace referencia a las series finales por el título. Partidos que, como ha escrito Gasol en su "Código Gasol" del diario *Marca,* no son partidos para pasar la tarde. Son partidos a vida o muerte, diríamos. Los aficionados van a apoyar a su equipo (¡*de-ffense, deffense!*), todos lucen las camisetas del color de su equipo, está en juego la temporada. Son los partidos que, al decir de Larry Bird, distinguen a los niños de los hombres. Son, en una palabra, los playoffs.

De las veintisiete ediciones de la Liga Nacional, el Real Madrid se alzó con veintidós de los treintaiún títulos de que hoy en día goza. Pero, repito, no había playoffs. Quién sabe lo que hubiese ocurrido en algunos de esos años de haber existido el sistema de partidos de eliminación, pues este año el tercer clasificado en la Liga Regular, el FC Barcelona, es el que se ha alzado con el título de liga. El baloncesto es antiguo en España. En la escuela hicimos un trabajo sobre los orígenes del deporte de la canasta en mi pueblo, y creo recordar que lo introdujeron los Escolapios en los años 20 del siglo pasado. Mi amigo y compañero de clase Javier Canales, triplista consumado en el equipo del colegio, tiene hoy en día el título de entrenador nacional. La base del baloncesto es extensa en Cataluña. Equipos míticos como el CB Orillo Verde Sabadell, el Aismalíbar de Mollet o el Picadero Jockey Club de Barcelona ya competían en la élite del baloncesto nacional allá por el final de la década de los 50 y principios de los 60. Eran los años de Kucharsky, Alfonso Martínez y, más tarde, del legendario Emiliano Rodríguez que, si no yerro, llegó a ser MVP del Eurobasket del 63 con la selección.

El resto de los veintisiete títulos de la Liga Nacional fueron a parar a las vitrinas del FC Barcelona en tres ocasiones y, en dos, a las del gran Joventut de Badalona, que es ciertamente la capital del baloncesto de base en Cataluña. ¿Ya he contado que un entrenador de las categorías inferiores de la Penya me tanteó para ir a probar al club de Badalona? El plan incluía dos años de gimnasio+entrenos+partidos-los-fines-de-semana, con lo cual lo estudios y el inglés quedaban desde luego en el aire. Sopesé mis posibilidades y rechacé la oferta. No soy un atleta y el 1,80 que mido ya entonces empezaba a ser insuficiente aun para jugar de base, a no ser que seas Spud Webb. *I´m not black,*

but I´m still proud. Una lástima lo del plan de ir a probar a la Penya, porque me hubiese gustado verme bajo la presión de ser elegido o no. Ver el mundo del baloncesto profesional desde dentro. En Madrid, quién sabe si me hubiesen "tocado" en el club de cantera más importante de la capital y alrededores, el CB Estudiantes.

Seguí en el baloncesto y viendo baloncesto a pesar de no ir a probar con la Penya. Falleció mi amigo Xavier Montserrat jugando al deporte de la canasta y para el partido de homenaje trajeron a un equipo cadete del Joventut, donde jugaba César Sanmartín, que luego estuvo varios años en la ACB. Yo seguía la ACB cuando aún era dominada por Barça, Madrid, Joventut y Estudiantes.

Todo cambió a partir de los años 90. Clubes de ciudades como Málaga, Sevilla, Vitoria, Valencia y Bilbao han llegado a la final de la ACB y alguna vez incluso la han ganado. Que se lo pregunten al viejo *Chichi* Creus y a su equipo el TDK Manresa, que venció en unos playoffs verdaderamente eliminatorios al favorito Vasconia de Vitoria. En aquellos años dejé de seguir de cerca la ACB, salvo las finales, aunque siempre he estado más o menos al día. Fue muy bonito que comunidades que no fueran Madrid o Cataluña se sumaran a la fiesta nacional del baloncesto: Andalucía, País Vasco, Comunidad Valenciana. Todo esto coincidió con el otorgamiento de los premios MVP al mejor jugador de la Liga Regular y al mejor jugador de la

Final. El primer MVP de la final fue el pivot negro Corny Thompson, del Joventut de Badalona, en la temporada 90-91. Al año siguiente se otorgó asimismo el MVP de la fase regular, que recayó en Darryl Middleton, del Girona.

El club dominador de la denominada era ACB está siendo sin duda el FC Barcelona, con quince de sus dieciocho títulos de liga ganados desde la temporada 1983-84. El último ayer por la noche, cuando venció en el cuarto partido de la serie (3-1) al Real Madrid por dos puntos, 83-81. Un Real Madrid que, pese a ganar solo la Copa en esta temporada ha pasado a los anales de los récords en su fase regular, y del eco mediático durante toda ella. Empezó como un tiro. Ganó, queda dicho, la Copa del Rey (antes del Generalísimo). Pero desde que perdió la final de la Euroliga contra el Maccabi de Tel Aviv, se ha dejado en el camino fuelle, ritmo e ideas. Por tanto, un tercer clasificado en fase regular gana por primera vez la liga, poniendo en valor el sistema de playoffs que algunos desaprensivos quieren ver eliminado de la liga española. Un Barça de récord -ocho finales seguidas, superando a la generación de Epi, Solozábal y compañía entrenada por García Reneses- ha batido a un Real Madrid legendario -dos finales de Euroligas seguidas, y mejor balance en el banquillo desde la época de Lolo Sainz, aunque, claro está, lejos del alicantino *hall of famer* Pedro Ferrándiz.

Pero si hay un nombre que ejemplifica lo que ha hecho el Barça en la era ACB, sobre todo en la última década larga, este no es otro que el de Juan Carlos *La Bomba* Navarro. La Bomba ha superado a Rafa Jofresa en partidos de playoffs jugados en la ACB. La Bomba ha superado a Epi como el máximo anotador del Barça en playoffs de la ACB. La Bomba ha superado, con ocho ligas, las siete de Epi y de Jiménez. La Bomba ha superado, con tres MVP en las finales, a Sabonis y Felipe Reyes, que tenían, como él, dos. A sus 34 años, Navarro hace mucho tiempo que se convirtió en leyenda, encarnando, podríamos decir, el baloncesto español. De ahí su estatura mítica. Le aplaudí a rabiar cuando le entregaron no sé qué placa de homenaje cuando jugó con la selección en el Palau Sant Jordi de Barcelona contra los EEUU de Kobe Bryant, Lebron James y compañía. Le he visto jugar, pues. La primera vez fue en Alicante, cuando iba al Centro de Tecnificación casi quincenalmente a ver jugar al Lucentum. Era el primer partido de liga. El Barça tenía un equipazo. En el Lucentum jugaban los Lewis y Angulo, entre otros. En un partido a pocos puntos, la gente estaba loca de contenta con el momentáneo triunfo de su equipo. Hacia el final del partido los azulgranas empezaron a remontar, y Navarro enchufó dos triples seguidos. El Lucentum pierde la bola en el siguiente ataque. Navarro va a sacar de banda y allí que estoy, detrás suyo. Me puede oir perfectamente. Pues bien, no se me ocurre otra cosa que espetarle: "¡Navarro, el próximo lo fallas!". Ya sé que no es la mejor manera de comportarse en una pista de baloncesto. Pero allá que va Navarro, la pide, se la dan, y sin mediar segundo alguno, lanza un triple forzado que yerra. Partido para el Lucentum, que, por cierto, acabó descendiendo aquella temporada que se iniciaba de esa forma tan prometedora.

MVP de las finales de la ACB lo han sido jugadores de peso. Ya hemos mencionado a Sabonis y a Reyes. Otros MVP semejantes han sido Jasikevicius, Bodiroga, Gasol, Garbajosa y Splitter, que acaba de ganar la NBA con los Spurs. Como ha sido dicho, a partir de ayer, Navarro es el líder de la estadística con tres MVP.

Navarro jugó una temporada en la NBA, en los Memphis Grizzlies. Pasó desapercibido, aunque no del todo. La experiencia le vino sin embargo muy bien, pues a su vuelta se convirtió en el líder indiscutible de su equipo de toda la vida, la sección de baloncesto del FC Barcelona. Ganó una Euroliga siendo el MVP de la Final, cosa que ningún otro español ha logrado hasta el momento. A esa Copa de Europa hay que sumarle la lograda en 2003, en la que fue importante pero no exactamente el líder. Algún día tengo que conocer a Juan Carlos Navarro. Él es todo lo que me hubiese gustado ser en el mundo del baloncesto español y europeo si hubiese aceptado la jugosa oferta de ir a probar al Joventut de Bada-

lona y hubiese triunfado (es mucho suponer, claro). Porque a día de hoy, superando a Emiliano y a Epi, ya lo podemos decir: Juan Carlos Navarro es *el* baloncesto español.

Y nostálgicamente cantamos el tema de Loquillo "Memoria de jóvenes airados" dedicándoselo a él y no a ningún otro:

*"Nosotros
que somos los de entonces
los que no tenemos dónde
los que siempre hablamos solos"*

FÚTBOL Y DIPLOMACIA

Reseña

Como todos los niños, de pequeño yo quería ser futbolista. Pasados los años, tendría ya unos quince, me dio entonces por querer ser diplomático. Por eso estudié Derecho, fracasé estudiando Derecho (7 de nota en el expediente, lejos de la Matrícula de Honor que obtuve en COU) y por eso he acabado como profesor de filosofía -la consolación de la filosofía- de educación secundaria.

Viene esto a cuento del libro que acabo de leer, *Mis Mundiales. Del gol de Zarra al triunfo de la Roja*, del mediático diplomático Inocencio F. Arias. Porque una cosa sí que sigo siendo desde pequeño: lector. A diferencia de algunos colegas de generación, que solo han leido los *Diarios* de Kurt Cobain, yo sigo siendo un lector más o menos ávido y empedernido. Mi biblioteca ronda ya los mil libros, sin contar los libros que no están en mi biblioteca pero que también he leído -por ejemplo, el libro de memorias de Obama. Así pues, a mis cuarenta años no puedo definirme, como alguna vez fue mi sueño, ni como futbolista ni como diplomático, pero a cambio puedo leer libros que traten precisamente de estas dos materias, el fútbol y la diplomacia. *Mis Mundiales* es uno de estos libros. Hay pocos parecidos. Pretende ser de sabrosa y amena lectura y a veces lo consigue. He tenido la sensación de ir de menos a más. En la portada aparecen cuatro jugadores con la zamarra nacional: Zarra, Suárez, Butragueño e Iniesta. Al inicio de cada capítulo, uno por Mundial desde el del 50 hasta el del 2010, el autor, diplomático de carrera, va desgranando datos y relatando acontecimientos internacionales que contextualizan económicamente el evento deportivo. Luego habla propiamente del Mundial de turno, con acreditada experiencia. Inocencio Arias es alguien que ha visto en Chamartín el 2-1 de España frente a la URSS en la Eurocopa del 64 y el gol de Puyol en Suráfrica contra Alemania que nos metió en la final. Es alguien de fiar, vamos. Sabe de fútbol.

El contexto de cada Mundial nos lleva, en el libro, desde la guerra de Corea hasta los atentados de las Torres Gemelas, pasando por la crisis de los misiles de Cuba, el atentado terrorista en Munich´72, la entrada de España en la actual UE y en la OTAN, la caída del Muro de Berlín, etcétera. El diplomático aquí demuestra sus conocimientos de historia

y su capacidad para relacionar dichos acontecimientos. Inocencio Arias es madridista, pero ante todo del equipo nacional. Cuenta cómo vivió el gol de Zarra por la radio en un pueblo de Almería y los sucesivos fracasos posteriores de la selección, hasta llegar al gol de Iniesta. El contexto de España como país también ha cambiado. De la cartilla de racionamiento y el aislamiento internacional a la España que envía militares en procesos de pacificación.

Un hilo conductor recorre todo el libro: el fútbol es el deporte rey del mundo. Obama lo dijo y se ve que las hijas de Obama lo juegan. Pero precisamente en el país de los más de trescientos millones de habitantes aún sigue siendo el quinto deporte, que es tan insustancial en la vida como ser el quinto beatle. Estamos hablando, claro está, de Estados Unidos, donde el *soccer* no consigue implantarse en las masas que, sin embargo, siguen por millones el otro fútbol, el fútbol americano, es decir, la NFL. He visto algún partido de la NFL, es un deporte entretenido y fiero. Alguna final de conferencia nacional bajo la lluvia de los 49ers de San Francisco perdiendo contra los New York Giants. Y también por internet la Superbowl que los Green Bay Packers ganaron a los Pittsburg Steelers de una forma realmente emocionante. Incluso he visto un partido de la liga nacional española de fútbol americano, pues en mi pueblo se creó un equipo que llegó a disputarla, los Vilanova Cavaliers. Jugaron contra los Vilafranca Eagles. Y allí estuvimos. El palmarés de la liga española lo dominan Valencia, Badalona y Hospitalet. Eso sí, la liga europea y los Barcelona Dragons, solo los conozco por televisión, aunque como se hospedaban en Sitges una vez vimos a los jugadores en el tren de cercanías de la línea de Barcelona. Unas plantas tremendas.

Fue la edición XLIV de la Superbowl de 2010 la primera en superar el récord de audiencia que hasta entonces mantenía el último capítulo de la serie *M.A.S.H.* emitido en 1983. No sé si es un avance que el deporte sea la programación más vista de la televisión en detrimento de una buena serie de enfermeros, pero así con las cosas. El récord está ahora en ciento quince millones de estadounidenses. Ante este dato, el *soccer* palidece como puede en el país de las oportunidades, aunque cada vez es más practicado en las categorías inferiores y, sobre todo, por chicas (EEUU fue campeona mundial en 1999 de fútbol femenino).

En *Mis Mundiales* se recuerdan estas y otras cosas. Es una pena que el juego reglamentado por los británicos allá a mediados del siglo XIX se abra paso muy lentamente en EEUU porque organizaron un buen Mundial, el de 1994, con récord de público en la final del Rose Bowl de Pasadena, California, rayando los cien mil espectadores. Pero también fue el primer Mundial dilucidado en la suerte de los penaltis.

Estos datos los va anotando con cierta soltura el autor del libro. Además, registra los cambios en el reglamento, la introducción de las tarjetas rojas y amarillas, la posibilidad de hacer sustituciones durante los encuentros, etcétera. Arias también se detiene, y es interesante, en los países organizadores, el contexto sociopolítico de cada uno de ellos, si lo hicieron bien o mal y qué hicieron, las medidas de seguridad, el creciente poder de la televisión y de las multinacionales, el fracaso por ejemplo de Colombia a la hora de organizar el Mundial de 1986, cuya sede final fue México.

Por lo que hace a los campeones, el resumen lo sabe ya todo el mundo: campeón de 1950, Uruguay, con el "Maracanazo"; campeón de 1954, Alemania, con el "Milagro de Berna"; campeón de 1958 y 1962, Brasil, con Pelé y compañía; campeón de 1966, Inglaterra, con el famoso gol fantasma; campeón de 1970, el mejor Brasil de todos los tiempos, con un veterano Pelé al frente; campeón de 1974, Alemania, con la remontada al gol inicial de Holanda; campeón de 1978, Argentina, con los goles de Kempes; campeón de 1982, Italia, con el júbilo de su presidente; campeón de 1986, Argentina, con Maradona como líder absoluto; campeón de 1990, Alemania, de penalti; campeón de 1994, Brasil, en los penaltis; campeón de 1998, Francia, con los goles de Zidane; campeón de 2002, Brasil, con Ronaldo a la cabeza; campeón de 2006, Italia, con el cabezazo de Zidane a... Materazzi y campeón de 2010, España, con el gol de Iniesta en la prórroga.

Hoy en día, más de doscientos países participan en la fase previa de la Copa del Mundo. Es el primer evento deportivo mundial por delante incluso de los Juegos Olímpicos. Empezó siendo un deporte olímpico, pero, a raíz de su éxito, se autonomizó creándose propiamente el Mundial de fútbol en 1930. Uruguay, que venía de ser dos veces campeón olímpico en 1924 y 1928, fue su primer ganador. Luego Italia, la Italia fascista, venció en los Mundiales de 1934 y 1938. A partir de aquí hay un paréntesis debido a la Segunda Guerra Mundial. De 1950 hasta hoy, el relato es conocido, y si lo quieren revivir o aun no lo conocen, les recomiendo que se lean *Mis Mundiales* del diplomático Chencho Arias.

EN LA MUERTE DE ALFREDO DI STÉFANO

En la muerte de Alfredo Di Stéfano se ha vuelto a plantear el debate de quién es el mejor futbolista de todos los tiempos. Don Alfredo Di Stéfano ganó cinco copas de Europa seguidas, ocho ligas españolas, dos balones de oro (57 y 59, Pelé entonces no optaba) y, el único en poseerlo, un Superbalón de Oro otorgado por la revista *France Football* en 1989. Cambió la historia del Real Madrid y revolucionó el fútbol; Sacchi ha dicho de él que verlo fue

como pasar del cine mudo al sonoro.

Hay consenso en lo siguiente: Di Stéfano dominó el fútbol durante los años 50; Pelé, durante los 60; Cruyff durante los 70 y Maradona durante los 80. A partir de aquí empieza la polémica. Pero, ¿por qué contar a partir de los años 50 y no antes? El fútbol era olímpico ya en 1908, la primera Copa del Mundo es de 1930, entonces existían figuras como el brasileño Leónidas o el italiano Meazza. Pero como la NBA, la liga nacional española de baloncesto, o las copas de Europa de fútbol y baloncesto, todo empezó a ser como ahora a partir del final de la 2ª guerra mundial (incluso la Superbowl o la era Open en el tenis datan de finales de los años 60).

Hablando de Di Stéfano, su figura siempre estará ligada a la actual *Champions League,* cuando el inglés ha sustituido a la vieja y francesa *Coupe d´Europe.* Y fue Di Stéfano quien, por encima de Kubala o Puskas, se convirtió en el primer jugador mediático del mundo del fútbol. Por todo ello, en la hora de su muerte, *L´Équipe* lo ha llamado "pionero".

Mi padre estará contento. Por fin allá en el cielo volverá a ver jugar a Di Stéfano. Mi padre -sí, ya sé que parezco un poco Jorge Manrique con la copla de mi padre- residió en Madrid entre 1957 y 1960, en el Hospital del Rey, que hoy en día es un centro de investigación en la rama de la salud bajo el nombre de Carlos III. Así que, si no lo vio jugar en los años de su apogeo en el Real Madrid, vivió de primera mano tal apoteosis madrileña. Y es que nunca me llegó a decir que iba a Chamartín a ver al equipo blanco, pero es muy probable que así fuera, y aunque así no fuera, seguro que pudo respirar el ambiente distefanista de aquel Madrid de finales de los años 50. Para mi padre, Di Stéfano era el mejor jugador de todos los tiempos, el más completo, el futbolista total.

Este es el debate. Nadie discute que técnicamente no ha habido otro como Maradona, que nadie tenía el cambio de ritmo y el regate de Cruyff, que el genio de Pelé era su talento futbolístico inconmensurable. Repito que a partir de los años 80 empieza la discusión de quién es el mejor de cada década. Desde mi punto de vista, Maradona alargó su reinado hasta mediados de los años 90 (jugó el Mundial del año 94, aunque fue expulsado del mismo por dopaje), y lo que se da es un cambio de siglo más que una década, y que en este cambio de siglo quien reinó no fue otro que Zidane, quien a su vez todavía en 2006 llevó a su equipo de Francia a la final de la Copa del Mundo. Luego ya si acaso vienen Messi y Cristiano Ronaldo. Pero para algunos, entre los que me incluyo, Pelé ha sido el mejor de la historia del fútbol, para otros ha sido Maradona, para los más jóvenes lo es Messi. Sin embargo, aunque no fuera un 10 en nada, Di Stéfano era un 9 en todo, y repito en mayúsculas, EN TODO: todo lo hacía dentro de un rectángulo de

juego y todo lo hacía bien. Que, por eso, fue el más completo de todos los futbolistas, primer crack mundial, genio irrepetible, no admite demasiada discusión.

Y es que lo que cuentan de don Alfredo (tengo un autógrafo suyo) es totalmente cierto, como se puede comprobar visionando el partido de la quinta Copa de Europa del Real Madrid, la de Glasgow en 1960. El partido completo lo vendió el *As* en una ocasión afortunada. Por eso los periodistas franceses lo llamaron el omnipresente. Por eso aquel partido frente al Eintracht de Frankfurt fue repetido durante varios años en Navidades en la BBC. Di Stéfano era la leyenda de aquel equipo. Y eso que cuando llegó al Real Madrid, procedente del Millonarios de Bogotá, al que había llegado a su vez del River Plate bonaerense, contaba ya con 27 años. Es decir, aquella final de 1960 la disputó ya con casi 34 años. ¡Y aun jugó otras dos finales! También en esto, en la longevidad de su carrera, Di Stéfano fue excepcional.

Un jugador que era a la vez Beckenbauer, Zidane y Ronaldo, es decir, el mejor medio centro, el mejor interior o media punta y el mejor delantero centro, todo en uno, todos los papeles en el mismo protagonista, eso era Alfredo Di Stéfano con el 9 a la espalda. Nos los habían contado -en mi caso, mi querido padre-, lo habíamos oído, pero no nos lo creíamos, hasta que vimos la final del 7-3 en Glasgow. "El más determinante" es poco para lo que hizo

Di Stéfano en los campos de fútbol de España y de Europa. Era simplemente la Saeta Rubia, pero nadie se lo quería perder.

En la muerte de Alfredo Di Stéfano me he acordado de todo esto. Los elogios le han caído, todos en el mismo sentido, de varias figuras mundiales: Luis Suárez, Gento, Pirri, Amancio Amaro, Cruyff, Bobby Charlton, Mazzola, Pelé, Maradona, etcétera. Eusebio, la *Pantera Negra*, también fallecido este año, era buen amigo suyo. Ha muerto Di Stéfano y con él una parte trascendental de la historia del fútbol. No llegó a disputar ningún Mundial, porque primero se interpuso la seudopolítica peronista, luego la selección española y finalmente una inoportuna lesión. Miles de portadas y páginas se han escrito, anécdotas, análisis, en estos días. Alguien ha recordado lo que dijo alguno: "Edson es Pelé diez minutos, Alfredo es Di Stéfano noventa minutos". Yo, peleísta de toda la vida, me rindo hoy a sus pies y, en la hora de su muerte, afirmo bien alto: ¡Alfredo Di Stéfano, el más grande!

ALL BLACKS

"¡Muero! ¡Muero! ¡Vivo! ¡Vivo!
¡Muero! ¡Muero! ¡Vivo! ¡Vivo!"
Kapa Ka Mate

Pocas cosas sagradas hay en esta vida, pero una de ellas es el rugby en Nueva Zelanda. Mi pasión por el rugby data de los años 80. Entonces TVE daba el Torneo de las Cinco Naciones, y allí me enamoré del apertura galés Jonathan Davies. Entonces no sabía que la selección de Gales había dominado el mundo del balón oval en los años 70 de la mano, entre otros grandes ases, del medio melé Gareth Edwards. Elegí a Gales cuando podía haber optado por la Francia del zaguero Serge Blanco, o por la Inglaterra de Robert Andrews. Pero Jonathan Davies era demasiado vivaraz como para elegir cualquier otro equipo. En 1988, después de años de sequía, Gales ganó la Triple Corona (vencer a los demás equipos británicos del torneo). Un año antes había quedado tercera en el primer mundial de rugby, celebrado en Nueva Zelanda, derrotando a la Australia de David Campese en el partido por el tercer y cuarto puesto de aquel primer mundial de 1987, cuando el rugby se profesionalizó.

Pero fue precisamente a raíz de aquel mundial cuando sumé a mis amores rugbísticos al equipo del helecho en el pecho, ese extraño combinado que vestía con una equipación de color negro. Sí, entonces, a diferencia de lo que me había ocurrido con Gales, mi primer e ingenuo amor, sabía perfectamente que Nueva Zelanda, en esto del rugby, eran *los mejores*. Los mejores de la historia. Sabía perfectamente ya entonces que el rugby, como la vela, eran sagrados en la tierra neozelandesa.

De Nueva Zelanda deportivamente hablando solo conocía el hecho de que su selección de fútbol había participado en el mundial de fútbol de España´82. Nada más. Pero en seguida me puse al día respecto de su gloriosa selección de rugby, que ganó ese primer mundial de 1987 (tardarían mucho tiempo en volver a ganar un mundial, exactamente el de 2011 también celebrado en Nueva Zelanda). Mi entusiasmo por los denominados *All Blacks* aumentó exponencialmente. Todo era fantástico alrededor de ellos, un juego de delantera como el de la temible Suráfrica, un juego a la mano de los tres cuartos como el de la alegre Francia, tal combinación de poderes solo podía darse en los mejores practicantes del rugby del planeta. Y luego estaba lo de los *All Blacks*, la haka y todo lo demás. Qué maravilla.

Tal fue mi enamoramiento que a nivel mundial me considero más seguidor de Nueva Zelanda que de la propia Gales. En el último mundial, el de 2011, Gales disputaba su partido contra Francia en una de las semifinales. Por primera vez no me importó que el equipo de rojo perdiera, aunque hay que matizar que fue de mala manera, con dudosas decisiones arbitrales. Y es que si ganaba se enfrentaría a los *All Blacks* en la finalísima, y por nada del mundo quería verme obligado a elegir ganador en un partido disputado entre Gales y Nueva Zelanda. Es más, estoy convencido de que Gales, de haber pasado a la final, podría haber ganado perfectamente el título frente a Nueva Zelanda, y por nada del mundo quería yo entonces que a los *All Blacks* se les escapase ese mundial, su mundial, después de tantos fracasos anteriores. Al final Nueva Zelanda derrotó a Francia por un ajustadísimo 9-8 en un partido feo a causa del mezquino planteamiento francés, tan alejado del rugby champán al que nos tiene normalmente acostumbrados el XV del gallo.

El nombre de *All Blacks* caló, pues, profundamente en mi persona allá a finales de los 80, cuando yo tenía unos quince años. Tan es así que parafraseamos ese nombre a la hora de elegir uno para participar en las 24 horas de baloncesto que se organizaban entonces en mi pueblo. Vestíamos todo de negro, estábamos enfadados como los *All Blacks*, éramos aguerridos y fieros, pero a la vez tiernos, como Nueva Zelanda jugando al rugby. Mayor espectáculo deportivo en el mundo era y es difícil de encontrar.

Se ha podido comprobar en el último Rugby Championship, el torneo heredero del Tri-Nations, campeonato que agrupa a los países rugbísticos del hemisferio sur. El Tri-Nations se empezó a jugar en 1996, nueve años después del primer mundial, al albur de la profesionalización del deporte del balón oval. Nueva Zelanda, Suráfrica y Australia, cada una con 2 títulos mundiales, casi nada al aparato. Se sumó Argentina hace tres años y pasó a llamarse The Rugby Championship. Ahora que me he puesto el Canal Plus en casa he podido ver algunos partidos. Rugby de alta escuela, poderosísimas delanteras, sapiencia en el desarrollo de las fases, tres cuartos muy físicos y técnicos, lucha de poder a poder. El torneo lo ha vuelto a ganar, por tercera vez seguida, Nueva Zelanda, que por tanto ha vencido en todos los torneos que se han disputado bajo la denominación de The Rugby Championship.

14 son los títulos que en global poseen los *All Blacks*, por 3 de Suráfrica y 3 de Australia. Allí donde falla Nueva Zelanda, en los mundiales, en partidos que se les hacen largos, por la presión de ser los favoritos, perdiendo por ejemplo contra Francia en la histórica semifinal del 99, etcétera, todo eso se desvanece en este torneo que los *All Blacks* dominan de forma aplastante, porque aquí no hay partidos de la muerte, sino que es un torneo de la regularidad, y entonces Nueva Zelanda demuestra que siguen siendo los mejores jugando a esto del rugby, enseñando al mundo qué es el rugby, como los Globetrotters, a su modo circense, enseñan al mundo qué es el baloncesto.

A falta de una jornada ya fueron campeones, aunque, tras dos años sin perder, cayeron en la última jornada frente a Suráfrica 27-25. Un aviso para navegantes de cara al próximo mundial de 2015

en Inglaterra. La otra noticia reseñable de la última jornada es que por primera vez Argentina, es decir, los Pumas, lograron vencer en el torneo, en concreto ganando 21-17 a Australia, en un partido un poco extraño, pues empezaron arrollados 0-14 por los Wallabies, y sin embargo consiguieron ir remontando hasta hacerse con el partido gracias entre otras cosas a que el pateador de Australia, el apertura Foley, erró sendos golpes de castigo aparentemente sencillos y a que Argentina demostró casta y saber estar. Sin Pichot y otras de las estrellas que en 2007 llevaron a los Pumas al tercer cajón del mundial de Francia, Argentina logró su primera victoria tras 18 encuentros con una apuesta decidida del entrenador Hourcade por el juego ofensivo, cuando tradicionalmente la fortaleza de los Pumas ha residido siempre en la delantera. Manteniendo esa fortaleza, Argentina ha querido explotar otros recursos ofensivos, jugando a la mano con los tres cuartos, apoyados siempre por el trabajo inconmensurable de la tercera línea. Errores subsanables en la fase de obtención del balón hacen creer a la afición que los Pumas todavía tienen trecho para ir creciendo y mejorando, y ya hay quien habla de una posible final del mundial para ellos si el sorteo del torneo es benévolo en los cruces. Argentinos con los que he podido charlar en el foro de internautas de marca.com, sin embargo, han llamado a tener los pies en el suelo y a mantener un realismo más cauto con las posibilidades de su enorme selección de rugby.

Pero volvamos a los *All Blacks*, pues yo siempre seré un *all black*, y esto es tan sagrado para mí como el rugby en las islas de Nueva Zelanda. El capitán y flanker (número 7) Richie McCaw batió el récord histórico de *caps* (internacionalidades) de los *All Blacks* con su *cap* número 134. McCaw es un jugador de otra época. Ahora empieza a estar ya un poco envejecido, pero sus placajes siguen siendo antológicos, capaces de hacerte retroceder diez metros... ja ja ja. Me alegro por él y por los *All Blacks*, que, a falta de un Lomu, siguen encontrando jugadores de considerable talla mundial en todos los puestos clave. Son fuertes y son exquisitos, y, además, cantan la Haka. Para despedirme de esta estampa, qué mejor, pues, que hacerlo recomendando ver y escuchar cómo ellos empiezan los partidos, con el *Kapa O Pango*.

EL ESTILO Y LA FURIA

Ríos de tinta han corrido en los periódicos a propósito del juego de la selección española de fútbol. ¿Por qué fracasábamos en los mundiales? ¿Por qué el techo de nuestra selección eran los cuartos de final? Dos o tres buenos jugadores no bastaban, y aunque desde 1978 la selección ha estado en todos los mundiales, en todos, menos en uno, el que ganó en 2010, ha fracasado más o menos de forma estrepitosa.

Se habló del juego del equipo, de que era un equipo sin identidad, solo una colección de buenos jugadores, se habló incluso de la dificultad de integrar las regiones y nacionalidades de las que habla nuestra Constitución. Se dijo que, si el gol de Cardeñosa hubiese sido gol contra Brasil, todo lo ocurrido en estos últimos treinta años hubiese sido distinto. Pongo en duda esta última afirmación. He visto, en youtube, el partido. Entero. Contra una Brasil que quedó tercera en aquel mundial pero que no era nada del otro mundo, quizá con Dirceu como estrella, a España le costaba incluso pasar de medio campo. Que en un balón largo la defensa brasileña fallara y Santillana le dejara el balón franco a Cardeñosa no significa que aquel partido lo mereciese ganar España. Además, era la fase de grupos, nada importante o trascendental todavía por jugarse. De modo que el fallo de Cardeñosa ha de dejar de ser un mito, porque el partido de España no daba para más.

Luego vino el fracaso en el Mundial de México '86. En este torneo, España sí mereció algo más, pero se dejó -no puede decirse otra cosa- marcar primero por Bélgica y ya fue a remolque todo el partido, cayendo finalmente en los penaltis y poniendo el listón en esos cuartos de final que nunca se superarían hasta el torneo de 2010. En el 2002 repetimos cuartos de final, contra una débil Corea, y los penaltis fueron otra vez el castigo a un mal partido, es posible que, con un gol legal anulado, pero en el que España debería haber dominado mucho más de lo que lo hizo. Los problemas venían de antes. Raúl González, que había sido Balón de Plata recientemente, no jugaba, y era el factor diferencial del equipo. No jugó porque se había lesionado en los octavos de final contra Irlanda, otra selección débil a la que se la debería de haber ganado con cierta holgura, y que sin embargo nos empató, mandando el cruce a los penaltis, donde un Casillas ya inspirado hizo de las suyas para meter a España entre los ocho mejores equipos del campeonato mundial.

Otros fracasos de la selección se deben a este penar ante equipos a priori más vulnerables. Pongamos como ejemplo lo que ocurrió en 1962. Sin un equipo de estrellas, aunque con Puskas, que había sido subcampeón mundial en 1954 con Hungría, España se plantó en el último partido de fase de grupos teniendo que vencer a la todopoderosa Brasil, que sin Pelé iba a resultar finalmente la ganadora del torneo. Y España marcó primero e incluso dominó el encuentro, hasta que Vavá aprovechó un fallo, ay, de la defensa española para después sentenciar en otra jugada personal de Garrincha: Brasil 2-España 1 y para casa. El problema no era perder por la mínima en un buen encuentro frente al futuro campeón, el problema fue no haber hecho los deberes antes frente a la soviética Checoslovaquia, que sí, que a la postre fue la subcampeona,

pero que no tenía por qué ganar a España. He visto, también en youtube todos estos partidos, y sé de lo que hablo.

Unas veces por hache, otras veces por be, pero el caso es que la selección solo podía ostentar el título europeo de 1964 y la finalísima de la Eurocopa de 1984. Estos triunfos deberían haber indicado a los expertos conocedores del fútbol por donde había que tirar. En la Eurocopa del 64, con mencionar a jugadores como Luis Suárez, único Balón de Oro español, Chus Pereda o Amancio Amaro, estaría todo dicho. En 1984, tras clasificarnos después de la gesta del 12-1 contra Malta, se hizo un torneo irregular, pero se venció a Alemania, vigente subcampeona del mundo, por 1-0. Aquel gol de Maceda sigue siendo mi gol favorito de la selección. En ambos casos, se trataba de buen juego futbolístico, de defensas que saben sacar la pelota jugando, de medios técnicos y, en el área, de auténticos depredadores del gol. Esa fórmula no triunfó en la selección, asumida de forma explícita, hasta el Mundial de 2006.

Fue Luis Aragonés el que lo hizo. Además, dotó de un sobrenombre mediático al equipo, *La Roja*. Lo dijo en una entrevista en el periódico *El Mundo*. Lo del tiqui-taca tiene, no obstante, otra historia. En aquel mundial, Guardiola escribía para el diario *El País*. Y recordaba su paso como jugador por Italia, visionando videos del Milan de Sacchi, a propósito del partido de Italia contra Australia de octavos de final, con gol de penalti de Totti en el último segundo. Escribió algo así que aquel Milan jugaba como un reloj, tic-tac, tic-tac. Y este tic-tac, tic-tac, escrito por Guardiola lo convirtió en el célebre tiqui-taca el locutor Andrés Montes, que por aquel entonces estaba en La Sexta. Este es el origen del famoso tiqui-taca.

Otros, más pulcros, lo llamaron *estilo*. ¡La selección ya tiene una identidad! La selección tenía un estilo, es decir, el estilo como identidad. Lo tendrían que haber escrito entonces Segurola o Iglesias y no haberse subido al carro con el triunfo final en la Eurocopa del 2008, porque lo cierto es que en el Mundial de 2006 en Alemania ya se vio una nueva España, con identidad, con estilo. Especialmente brillante fue el debut contra la Ucrania de Shevchenko, que más tarde llegaría a cuartos de final. 4-0 y un juego a ratos espectacular. Pero todo cambió cuando cierta prensa de Madrid presionó para que jugara Raúl. La entrada de González distorsionó el ritmo de juego del equipo y el equipo español volvió a ser plano, previsible y vulnerable. En fin, cayó derrotado 3-1 contra Francia, futura subcampeona mundial, en los octavos de final, y eso que se había adelantado España con gol de penalti.

Pero llegó la Eurocopa de Austria y Suiza ya sin Raúl en el equipo nacional, y España salió campeona, derrotando en la final a Alemania por 1-0 con gol de Torres en la primera parte del partido. El resto es una historia de éxito. Aragonés dejó la selección y el marqués Del Bosque se hizo cargo de la misma. Sin cambiar

casi nada, consiguió, a duras penas, eso sí, saltar la barrera de los cuartos de final en el Mundial de Suráfrica de 2010, volver a ganar a Alemania por 1-0 en la semifinal, y derrotar a Holanda en la final con el histórico gol de Iniesta. ¡España, por fin campeona del mundo! He escrito sobre ello en otras estampas y por tanto no añadiré más.

Lo que sí que diré es que todo ello se hizo, ciertamente, con estilo, pero también con la clásica furia española que se remonta a cierta tarde de 1920, cuando aquello de "¡A mí, Sabino, que los arrollo!". Cabe recordar que España consiguió en aquellos Juegos Olímpicos, cuando aún no existían los mundiales, el subcampeonato. La medalla de plata. El primer gran éxito de una federación de fútbol que según algunos nació en 1909 y según otros en 1913.

No he hablado de la Eurocopa de 2012, que también ganó la selección española. Y eso que Villa estaba lesionado y Torres solo jugó esporádicamente. Con falso 9, España fue de menos a más y acabó arrollando a Italia en la final. 4-0. Lo nunca visto. Nadie hasta entonces había encadenado semejantes triunfos, solo Alemania se le había acercado mucho entre los años 1972 y 1976, la gran Alemania de Beckenbauer.

Repito. Todo ello se hizo con un estilo de juego por bandera, con una identidad, con el tiqui-taca. Pero también con la furia como parte insoslayable de tal identidad. Durante todos estos años el estilo ha sido Xavi Hernández, pero la furia con clase la ponía David Villa. Ojo, Villa no solo es el máximo goleador histórico de la selección sino el que tercer mejor promedio de goles tiene, solo por detrás de leyendas inmortales como Zarra y Di Stéfano. Solo pensar que con estos dos son con los que compiten históricamente Messi o Cristiano Ronaldo nos tendría que hacer ver con claridad el nivel real de David Villa.

El estilo también es Iniesta, pero la furia del gol vino de Puyol. ¡A mí, Xavi, que los arrollo! podría haber gritado perfectamente Carles Puyol antes de su antológico remate de cabeza, que le valió a la postre el pase a la final del mundial de Suráfrica´10 a España, quizá en el mejor partido de fútbol que haya disputado jamás la selección a esos niveles, precisamente en un partido dominado por el estilo de la Roja, pero sentenciado gracias a la furia de la testa ya sagrada de Puyol.

Esperemos que en lo venidero se mantenga el estilo que tantos éxitos nos ha dado. Pero en mi opinión, haríamos bien en mantener también la furia española. La echó de menos en el reciente mundial de Brasil´14 nada menos que Tostao. En declaraciones a un periódico brasileño, el delantero centro del mejor campeón del mundo de todos los tiempos, la Brasil de 1970, manifestó algo así como que el estilo estaba muy bien, pero que no había que recrearse en él, y dijo encontrar a faltar una pizca de furia en el juego español para sobreponerse a los

golpes de la fortuna, como los goles en contra de Holanda o Chile en la fase de grupos. Del Bosque ha llamado, en este sentido, a la rebeldía.

Como nos enseñó Camus en su libro *El hombre rebelde*, el escritor que dijo aquello de haber aprendido las mejores lecciones de moral en la vida jugando al fútbol, la rebeldía es lo contrario de la revolución. La furia no es ansia ciega ni supremacía racial, lo cual sería por lo demás ridículo amén de execrable. La furia es el complemento ideal del estilo. Dicen que habíamos tenido furia durante 90 años y que no había servido para nada. Que había que desterrar la furia y abrazarnos al estilo. Sigo pensando que ni hubo tanta furia como se piensa ni el estilo estuvo ausente siempre del juego de la selección. Dar con la fórmula que combinara ambos elementos fue el éxito del difunto Luis Aragonés. Volver a dar con la tecla será lo que nos hará regresar a las mieles del éxito. El estilo por el estilo será, en caso contrario, tan estéril como la furia española como único signo de identidad de la selección.

Por encima de todo se trata de jugar bien al fútbol, con garra y corazón.

LA TEMPORADA EMPIEZA EN NOVIEMBRE

Cuando el frío de noviembre empezaba a hacer su aparición, Ismael cogía las maletas y se embarcaba en cualquier barco a correr aventuras por el mundo. Así se hizo a la mar en el *Pequod* en busca de la ballena blanca llamada Moby Dick, y pudo regresar para contarlo.

Mucho más modesto, yo, cuando se acaba octubre y empieza noviembre, me embarco en la aventura de la NBA. No conozco mejor modo de calentarme durante el otoño y el invierno, y es tan expansivo su efecto que alcanzará el calor de la primavera.

Sí, ya sé que la LFP lleva dos meses disputándose, sí, ya han empezado la ACB y la Euroliga, todo eso ya lo sé, pero para mí hasta que no empieza la NBA no empieza de verdad la temporada. Soy profesor y ficho siempre el 1 de septiembre, pero el curso realmente no se inicia hasta que empieza la NBA.

El curso baloncestístico 2014-2015 en las Américas se presenta divertido y apasionante. Como no soy un experto no voy a hacer una lista de mis candidatos a clasificarse para playoffs por conferencias, y menos por divisiones. Tampoco apostaría por quién va a llevarse finalmente el anillo, o quién va a ser el entrenador del año o el mejor defensor de la liga. De quintetos mejor ni hablamos. Lo que sí puedo hacer es una reflexión somera y casi a vuelapluma sobre los equipos de cada conferencia, registrando sus aspiraciones, sus posibilidades, sus novedades.

Empecemos por la Conferencia Este. Lo más llamativo ha sido sin duda la vuelta a Cleveland de Lebron James. Los Cavaliers han formado un equipazo, juntando a King James, Kevin Love (26 puntos y 12 rebotes de media el curso pasado) y el base Kyrie Irving, elegido recientemente MVP del Mundobasket celebrado en España. Son candidatos al anillo, pero primero tendrán que demostrar que son un equipo fiable, y para eso tienen como Head Coach a David Blatt, cuyo currículum incluye un Oro europeo con Rusia y la última Euroliga con Maccabi de Tel Aviv. Me gusta Blatt y si la presión del circo NBA no puede con él, apuesto por que Cleveland Cavaliers va a estar arriba. Mínimo final de conferencia.

El otro gallito de la Conferencia Este es Chicago Bulls. Aquí no hay un *coming home,* como el de James, sino una *Roserrection,* es decir, la vuelta de Derrick Rose, MVP de la liga regular hace unas temporadas, a las canchas de baloncesto. Además, los Bulls han fichado al español Pau Gasol, y tienen al último mejor defensor de la liga, y dos rookies importantes, como McDermott y Mirotic. Tim Thibodeau es el entrenador jefe, un especialista defensivo que debe lograr una buena ofensiva que pasará por las manos de Rose y de Gasol. Si las lesiones les respetan, como se suele decir, aspiran igualmente a final de conferencia y quién sabe si al anillo.

Luego hay un grupo de buenos equipos que en playoffs pueden dar una sorpresa, como Washington Wizards, dirigidos por el buen base John Wall. El año pasado eliminaron a los Bulls con el factor cancha en contra y plantaron cara a Indiana Pacers, finalista de conferencia. Precisamente los Pacers no parece que este año puedan repetir las dos últimas finales de conferencia, ya que su alero estrella, Paul George, cayó lesionado mientras se preparaba con el USA Team para el Mundobasket de España. Han dicho que esperarán a George para jugar playoffs, pero está por ver que se clasifiquen para la postemporada. Lo mismo podría decirse de Miami Heat, aupados a la historia tras *The Decision* de Lebron James, y ahora sin el Rey, y aunque hayan fichado a Luol Deng, pueden tener dificultades para meterse en playoffs. Veremos. Esto abriría el abanico de opciones a buenos equipos como Charlotte Hornets, que el año pasado cayeron 4-0 en primera ronda, y Atlanta Hawks. No son equipos por los que yo sienta especial simpatía. Los Hawks son un equipo histórico, el viejo equipo de Dominique Wilkins, retador en el concurso de mates del mismísimo Michael Jordan. Están entrenados por Budenholzer, de la escuela de Popovich, lo cual debería ser una garantía.

Hay más equipos en el Este. Por ejemplo, Detroit Pistons. Los Pistons sí son de mis equipos favoritos. Espero que se clasifiquen para playoffs después de unas temporadas bastante malas. Han fichado a Stan Van Gundy, un buen entrenador. Después están los Knicks de Nueva York, dirigidos en los despachos por Phil Jackson y por Dererk Fisher en la pista. Han fichado al base español José Manuel Calderón y van a intentar implantar el triángulo ofensivo. Tienen una superestrella como Carmelo Anthony, un super anotador al que vi hacer añicos a la selección española en un amistoso celebrado una plácida noche de julio en el Palau Sant Jordi de Barcelona. Pero les costará. Espero que no se queden a una victoria de meterse en playoffs y que Manhattan vuelva a disfrutar de la postemporada. Al otro lado del río está Brooklyn Nets, que el año pasado jugaron playoffs tras un mal inicio de curso. Han perdido al mítico Paul Pierce, *The Truth*, que ha recalado en los Wizards. Quizá eso les pueda pesar. El año pasado se enfrentaron en primera ronda con Toronto Raptors, que este año aspira precisamente a superar aquella primera ronda.

Por lo demás, el Este está en reconstrucción, después de la pésima calidad que mostraron en general sus equipos el curso pasado. Para dicha reconstrucción qué mejor que contar con uno de los claros aspirantes a mejor novato del año, como es Jabari Parker, alero que jugará muchos minutos para Milwaukee Bucks, el viejo equipo de Big O y Abdul-Jabbar.

Entrenados por Jason Kidd, aspiran a hacer equipo y poco más. Son una promesa de futuro. Orlando Magic, Boston Celtics, etcétera, están en la misma línea de salida, aunque sin jugadores novatos de tanto relumbrón. Veremos a ver lo que pasa.

Pasemos a la Conferencia Oeste, el salvaje Oeste. El candidato número 1 para llevarse el título de campeón de conferencia y de paso para ganar el anillo sigue siendo San Antonio Spurs. Un año más viejos, Tim Duncan, Manu Ginobili y Tony Parker, pero también un año más expertos. Cuentan con el último MVP de las Finales, el escolta Kawhi Leonard, y además tienen algún rookie prometedor. Todo esto dirigido en los banquillos por el mejor entrenador de la NBA, Gregg Popovich, que no hace jugar más de 30 minutos a sus jugadores en temporada regular. El año pasado lograron un récord de 62 victorias y 20 derrotas, asegurando el factor cancha para todas las eliminatorias de postemporada. Veremos si este año repiten la gesta, pero el base francés Tony Parker ya ha declarado que van a por ello.

El otro gallito en el Oeste debería salir de entre dos equipos, a mi modo de ver, que son Oklahoma City Thunder y Los Angeles Clippers. Los Thunder han perdido hasta diciembre por lesión al último MVP de la temporada regular, Kevin Durant, y eso lo pueden notar en número de partidos perdidos a final de temporada y por tanto en la pérdida del factor cancha, muy a pesar del excelente juego de su base estrella Russell Westbrook, un auténtico ciclón en los pasados playoffs. Por todo eso, los Clippers deberían aprovechar la circunstancia y conseguir el factor cancha a su favor, no sufrir en primera ronda (el año pasado Golden State Warriors los llevó al séptimo partido sin su pivot titular) y alcanzar cuanto menos la final de conferencia. Por la cabeza del gran base angelino Chris Paul pasan muchas de esta opciones, porque nivel tienen, empezando por el formidable Blake Griffin. Los Angeles Clippers quieren enamorar y convertirse en el equipo de América. Veremos qué medios ponen para ello y si lo logran. Tienen como Head Coach a Doc Rivers, que fue campeón con los Celtics en 2008.

Luego viene un grupo de verdaderos equipazos que no podrán jugar las finales porque por delante tienen a los equipos ya analizados. Me refiero a Golden State Warriors, a Memphis Grizzlies, que llevaron al Game 7 el año pasado a Oklahoma City Thunder, y a Dallas Mavericks, que el año pasado fueron el único equipo en forzarle un séptimo partido a los posteriormente campeones Spurs. Ojo con los Mavericks, tienen al genial alemán Nowitzki, pero han perdido capacidad de dirección con la salida de Calderón. Y de los Grizzlies, qué decir, equipo defensivo que da gusto ver, solo cayeron 4-3 en primera ronda ante unos esplendorosos Kevin Durant y Russell Westbrook, y eso que el último partido no lo jugó su pivot titular

Zach Randolph por una sanción asaz polémica.

Es lo que tiene el sangriento Oeste. Un equipo como Portland Trail Blazers, que el año pasado dio signos de patética impotencia ante San Antonio Spurs en semifinales de conferencia, había eliminado en primera ronda a los poderosos Houston Rockets de Harden y Howard. Es posible que este año ambos equipos se vuelvan a ver las caras. Harden viene con la medalla de oro en el Mundobasket en el pecho, lo cual debería darle consistencia a su juego, por aquello de la madurez. Howard sigue siendo el pivot número 1 de la NBA, o eso dicen.

El año pasado Phoenix Suns se convirtió en el equipo que con mejor record no lograba meterse en playoffs en toda la historia de la NBA. Este año, con el esloveno Dragic a la cabeza, intentarán no fallar en los momentos decisivos y meterse en esos playoffs. Para eso se han reforzado con más talento. Hay otros equipos en el Oeste que esta temporada van a luchar hasta el final. Por ejemplo, New Orleans Pelicans, donde juega Anthony Davis, también reciente campeón mundial de baloncesto con el USA Team. Es un buen jugador, aunque le falta aún un poco de fuerza bajo los aros. Y otros que siempre han estado por la pelea son Denver Nuggets.

Luego vienen equipos destinados a hacer pasar un buen rato, pero a perder muchos partidos. Entre estos destacan Minnesota Timberwolves, el equipo dirigido por Ricky Rubio, que este año debe dar un paso adelante en liderazgo y madurez en el juego. Además, los Wolves contarán con el número 1 del último draft (selección de jugadores universitarios), el alero canadiense Andrew Wiggins, tras perder, camino de Cleveland, a Kevin Love. Y finalmente hay que mencionar a Los Angeles Lakers, adonde regresa tras su lesión el legendario Kobe Bryant. Veremos a qué nivel.

En suma, la NBA se presenta una vez más reñidísima e igualada. Es lo que tiene el sistema americano. El 28 de octubre empieza por fin la competición y este año podré seguirla cada día porque he instalado el Canal + en casa. Si Dios quiere, pocos partidos me perderé, así que nos vemos en junio y comentamos cómo ha ido. ¿Vale?

OTRO CLÁSICO EN EL BAR

El día pintaba plácido. Este sábado no venía la chica de la limpieza y tuve toda la mañana libre. Escribí un rato. Un par de recados. Después de comer, a eso de las dos del mediodía, fútbol inglés. Vi un par de partidos con finales emocionantes. Este año parece que el Chelsea de Mourinho se lleva la Premier de calle, pero hoy juega en Manchester contra el United y ahí se verá. Luego ya se hicieron las seis de la tarde, y a pesar de tener el Plus, este Clásico lo daban en uno de los canales que no poseo, de modo que, una vez más, tuve que bajar al bar para presenciarlo. Aquí, en Elche, en la Cafetería Ripoll.

En el bar había un gran gentío. El partido lo emitían en el canal GolT, que no tiene la misma calidad de imagen que el Plus, pero que acaso es más futbolero, si cabe. Empezó el partido. La parroquia culé quedó muy contenta con el primer gol de Neymar a los cuatro minutos. El Barça dominaba y se le veía muy suelto, aunque el Madrid llegaba con cierta facilidad al área azulgrana, si bien con poca cabeza. Así transcurrió poco más o menos la primera media hora, en la que el Barça perdonó el 0-2. Y quizá la Liga. De haber ganado el partido, se hubiese colocado con siete puntos de ventaja frente a su eterno rival. Pero Casillas detuvo el remate demasiado leve del genial Messi. Poco después, en una jugada sin aparente elaboración, el Madrid volvió a plantarse en el área del FC Barcelona y Piqué midió mal los espacios, sacó el brazo donde no debía y la pelota lanzada por el lateral izquierdo blanco rebotó en el mismo. Penalti. Cristiano Ronaldo no falló y puso el empate a uno en el marcador. Tablas. Alegría momentánea en la parroquia merengue.

El partido volvía a su punto inicial. El Real Madrid había salvado un *match ball* de campeonato, nunca mejor dicho, y veía el empate con mayor optimismo que el Barça, quizá un poco superior en esta primera parte, pero por eso mismo quizá un poco más preocupado porque el resultado estaba igual que al empezar el gran encuentro de todas las temporadas. Fútbol había habido, pero tampoco demasiado. Las espadas en alto y todo por resolverse en la segunda parte.

Y la segunda parte fue del Real Madrid. Salió más metido, más enérgico, más convencido. En un robo en el centro del campo provocó un córner y del córner botado por Kroos vino el gol en un cabezazo tremendo del central Pepe que ponía en ventaja a los blancos 2 a 1. La hinchada de Chamartín enloqueció. Por primera vez veía la victoria al alcance. La victoria suponía ponerse a un solo punto del Barça, líder todavía hoy, en la tabla de clasificación. Pero sobre todo suponía seguir vivo y de qué manera: con orgullo, con vigor, con juego. Porque, aunque sin demasiada elaboración, cada contra del Madrid era un peligro. Ya el año pasado dio una lección en este sentido en los grandes partidos de la temporada, la final de la Copa del Rey, o en los cruces decisivos, especialmente las semifinales contra el poderoso Bayern de Munich, de la Champions.

Y así, en un córner mal botado por el Barça, llegó el tercero del Madrid, que de algún modo sentenciaba el choque poniendo una distancia insalvable para los culés. Los madridistas del bar vibraban. Los culés, bajaron la cabeza enfadados. Cómo es posible que una acción ofensiva a favor se transforme en una contra ganada por el joven medio Isco Alarcón y acabe en gol en contra de un buen Benzema es una pregunta que quizá no puedan responder en un equipo de primerísima élite como el FC Barcelona. Que aprendan ellos, decía el expresidente culé Laporta. Pues quizá la respuesta es que han aprendido. Fue un gol bello, en una jugada desgraciada. A partir de entonces, el Real Madrid empezó a tocar. Me gustó mucho la salida de balón de Modric, un jugador que no es una superestrella, pero que tiene gestos de verdadero nivel. El Barça se hundió miserablemente. El partido, salvo por un chut del lateral izquierdo culé Mathieu, estaba para otro gol madridista. Hubiese llegado si los fabulosos delanteros blancos hubiesen culminado alguna de las varias contras de que dispusieron. Pero el partido ya estaba finiquitado. Resultado final, 3-1 para el Real Madrid.

¿Cuáles fueron las claves del *match*? Pues a mi modo de ver, la estrategia de Luis Enrique Martínez, el entrenador azulgrana. Se equivocó Luis Enrique poniendo como titulares a Xavi Hernández y Piqué. El Barça se pareció más al ajado equipo del curso pasado que al renovado conjunto de este inicio de liga. Xavi es una leyenda viva del fútbol mundial, pero ya no está para noventa minutos contra un grande. De tal modo que Luis Enrique lo cambió por Rakitic, el flamante fichaje estival en Can Barça. Ese cambio tendría que haberse producido de inicio. Luego está el caso de Piqué. Si no estaba jugando con asiduidad, por qué ponerlo de titular en un partido que sí era trascendental. Así, Mathieu pasó al lateral y Alba, indiscutible en la selección, al banquillo. El Barça perdió velocidad por las bandas. Si a eso le añades un partido discreto de Iniesta, es muy difícil sacar algo positivo del Bernabéu.

No es que, a mi modo de ver, el Real Madrid hiciera un partidazo. Su triunfo fue más bien tranquilo, plácido como este sábado de octubre, hasta fácil y sencillo. No se vino abajo con el 0-1, siguió percutiendo, aguantó cuando estuvo contra las cuerdas, y acabó obteniendo su recompensa. Mucha calidad, eso sí. Pero jugar al fútbol, creo que puede hacerlo mejor. De todas formas, se planta a solo un punto del líder con ventaja moral. De momento, tras su mal inicio liguero, no es poco.

Esto fue el Clásico que este otoño nos depararon Real Madrid y FC Barcelona. Una vez más al calor del amor en un bar, como cantaba Gabinete Caligari. No fue el más tenso, ni el más emocionante, ni el más grande de los Clásicos, pero significó mucho: el Real Madrid se postula tras ganar el año pasado la Champions como favorito para ganar este año la Liga. Sí, queda la vuelta en el Camp Nou, pero el vigor del juego blanco hizo añicos no solo el decreciente juego azulgrana sino también sus reservas anímicas. Iremos viendo lo que pasa.

El Barça deberá volver a su versión renovada, con Rakitic como titular y Mathieu como central. Serán decisiones difíciles, pero imprescindibles si pretende seguir siendo líder hasta el final. Soy escéptico sobre esta posibilidad. En Chamartín te montan un circo y en Can Barça una independencia, y así es tanto más complicado hacer las cosas bien hechas. El Real Madrid, sin hacer mucho, está lanzado. Pero queda un largo trecho. Otro Clásico volverá, y bajaré al bar, y estaré entre la gente y celebraremos el fútbol porque nos gusta y nos divierte.

BOSQUEJO DE UN PARTIDO DE BÉISBOL

Cuando encendí el televisor, a las dos y cuarto de la madrugada, el partido ya había empezado. Los Giants de San Francisco, de la Liga Nacional, franquicia heredera de los viejos Giants de Nueva York, ganaban por 2 carreras a 0 a los Royals de Kansas City, de la Liga Americana, campeones de las Series Mundiales en 1985. Fue el primer partido de béisbol que he visto en mi vida. Como si de leer las *Investigaciones filosóficas* de Wittgenstein se tratara, ese libro donde el filósofo austríaco nos habla de las reglas del juego que es el lenguaje, avancé durante las siguientes dos horas bosquejando lo que iba ocurriendo sin entender demasiado, pero lo suficiente para que en un momento dado un batazo formidable de un jugador de los Giants supusiera poner el 5-0 con el que el partido acabó. Y es que desconozco profundamente el juego del béisbol, al que siempre me he acercado no obstante con la mirada más infantil posible, pues el béisbol me parece un juego típico de niños, el típico juego de niños que un día

deciden pasar a la acción y divertirse con un palo y una pelota. El héroe del partido no fue, no obstante, aquel bateador, sino el *pitcher* Madison Bumgarner, al eliminar uno tras otro a sus rivales, sin darles opción a la remontada.

El ambiente en San Francisco era formidable. Se trataba del Juego 5, como dicen los latinoamericanos, en este juego tan latinoamericano, por otra parte. Venezolanos, dominicanos, desde 1970 se han repetido varios MVPs con apellidos hispanos. Solo recientemente hubo uno japonés, del mítico equipo de los Yankees de Nueva York. Los estadios de béisbol no suelen sobrepasar los 50.000 espectadores, a diferencia del fútbol americano. Son por tanto pequeños y recoletos, en los que se dibuja el célebre diamante donde ocurre casi toda la acción deportiva. Tampoco el béisbol puede superar la audiencia televisiva de una *Superbowl* ni los contratos millonarios de la NBA. Y aun así, el béisbol es la esencia de América deportivamente hablando. Un juego derivado del cricket del que ya hay registros en los años 50 del siglo XIX y que se fue popularizando durante y después de la Guerra Civil Americana. Entonces era conocido como *New York Game*, o eso nos dicen las enciclopedias.

Recuerdo una película de cuyo nombre no puedo sin embargo ahora acordarme. El béisbol es en Estados Unidos lo que el fútbol en Europa, no solo un deporte de masas sino un tema de conversación, quizá *el* tema de conversación social más socorrido que exista. Sí, el béisbol es la crema de cacahuete del deporte americano. Porque el béisbol no son solo las Series Mundiales y el profesionalismo. A diferencia de los otros deportes, no hay ligas universitarias, sino multitud de divisiones nacionales, regionales, locales, como en el fútbol en Europa. En la película mencionada, Kevin Costner es un buen jugador de segunda división que al final seduce a Susan Sarandon, profesora de inglés y novia temporal de un joven Tim Robbins, al que le lee poemas de Walt Whitman mientras juegan al amor. La película está bien, y retrata fielmente todo ese mundillo semiprofesional del béisbol de segunda o tercera categoría por el que el mismísimo Michael Jordan dejó el baloncesto. Cómo tiene que ser el béisbol en Estados Unidos para que algo así suceda. Es un consuelo para un fracasado como yo saber, por cierto, que el sueño de Mike Jordan no era ganar anillos de la NBA, sino triunfar como jugador de béisbol profesional, cosa que uno de los mejores deportistas de todos los tiempos nunca pudo conseguir.

En fin, el béisbol: el bate, la pelota, el guante de lanzador, el guante grande, la gorra, todo lo que no puede faltar en una casa americana, y que por cierto tampoco faltó en mi casa americanizada por mi *hermano* Loren E. Dieu, ese chico californiano que pasó nueve meses en casa allá por el curso 1984-85. Conociendo todo esto, no me extrañó lo más mínimo que se interrumpiera el partido para que el estadio en pie cantara una vez más el himno *God bless America*, esa canción que cantan en otra película maravillosa y tan americana como es *El cazador*. No estaba entendiendo apenas nada de la letra del partido, pero desde luego su música me sonaba y mucho. Aguanté, pues, y seguí disfrutando como un enano del Clásico de Otoño.

Como ya he dicho, San Francisco Giants ganó 5-0 a Kansas City Royals y se puso 3-2 en la finalísima de las ligas mayores de béisbol al mejor de siete partidos. Ahora la pelota está en el tejado de los Reales de Kansas City, donde se jugará el sexto partido y, si es necesario, también el séptimo. Kansas estará que arde, imagino, porque no recuerdo ahora mismo ningún gran triunfo de sus equipos en las grandes ligas americanas. La oportunidad es única y es de aquellas que se presentan cada treinta años. Bueno, al menos se presentan cada cierto tiempo, porque en España es totalmente impensable no ya que el Valladolid, por ejemplo, ganase la Liga española, sino que jugase la final de la misma Liga de Campeones. Quien más cerca estuvo fue el Deportivo de La Coruña, pero eso ocurre una vez en el siglo. En Estados Unidos es diferente y hay, en contra de la fama de país cruel con los pobres, más igualdad de oportunidades. No haría falta ser rawlsiano para asumirlo y trasladar el sistema a esa Europa que se vanagloria de su justicia social. Aquí, desde que el Nottingham Forest ganó la Copa de Europa, no ha pasado nada extraordinario en ese sentido, salvo quizá las semifinales del Villarreal de hace unos años.

Aun así, en el béisbol también hay hegemonías históricas estrepitosas, como la de los New York Yankees, de la Liga Americana, que ganaron 27 títulos desde 1903 de la mano de leyendas como Babe Ruth (fabuloso *biopic* que echaron sobre su vida y obra por Antena3 hace ya varios años), Joe DiMaggio (que se casó con la divina Marylin Monroe) y otros más recientes (eso sí, en los reaganianos años ochenta: 0 títulos). Con 11 títulos les sigue Saint Louis Cardinals, el mejor equipo histórico de la Liga Nacional. Otros equipos míticos son Boston Red Sox (nada menos que el economista Milton Friedman habla en su libro *Libertad de elegir* del traspaso de Babe Ruth de los Red Sox a los Yankees) o Los Angeles Dodgers (antiguamente, en Brooklyn). Y los Gigantes de San Francisco, que de ganar esta noche o el séptimo partido de las Series Mundiales se irían a los 8 títulos.

Pero mi equipo, *mi gorra*, verde y amarilla, será siempre la de los Oakland Athletics, los *A´s*, aquella misma que llevaba siempre puesta el personaje barbudo de la serie *Autopista hacia el cielo*. Fue un regalo de mi *hermano* Loren y desgraciadamente la perdí en uno de mis traslados de domicilio. Hasta tenía un autógrafo que conseguí del ciclista español Óscar Sevilla una vez que la Vuelta acabó en Castellón. Con aquella maravillosa gorra íbamos mi

amigo Xavi Montserrat y yo a jugar al béisbol a la playa los días grises de verano en los que el mar estaba embravecido y no había nadie a quien molestar con nuestros golpes con el bate o nuestros pases de pelota con el guante. A veces cogíamos la bola grande de *softball*, el béisbol femenino, para jugar, porque, francamente, no lo hacíamos demasiado bien y con aquella pelota grande era más fácil acertar a golpear. Soñar que conseguíamos un *homerun* (un jonrón, como decía un exalumno mío cubano) e impulsábamos una carrera completa... ¿es así? Eso era suficiente para sentirnos como en casa, gracias de modo paradójico a ese extraño deporte que sigue siendo para mí el ininteligible, pero a la vez familiarísimo béisbol.

ÉRASE UNA MOTO A UN HOMBRE PEGADA

El ingenio de Quevedo me servirá hoy para hablar de motociclismo. Porque esta vez lo que veo pegada a un hombre no es una nariz, sino una moto. Y el hombre es, por supuesto, Marc Márquez. Márquez viene de proclamarse campeón mundial de MotoGP por segundo año consecutivo en su segunda temporada en la categoría reina. Es el bicampeón del mundo más joven de la historia. ¿Podrá alcanzar la estatura mítica de Agostini? El de Cervera, Lérida, es un as del motociclismo. Su pilotaje, así lo ha dicho otro mito como Mick Doohan, no aporta demasiadas novedades, pero lo que es asombroso en él, es su confianza. Parece que la moto es parte del cuerpo de Márquez, y esto, si habéis visto algún reportaje de cuando era niño, lo parece desde siempre. Márquez no es un piloto cualquiera, es una moto pegada a un piloto, allí donde va el hombre, va la motocicleta. A toda velocidad.

No soy especialmente fan del motociclismo. Paradójicamente, se me da mejor conducir la moto que el coche, pero prefiero las carreras de coches a las de motos. Sin embargo, el mundo motero no me es absolutamente ajeno. Me resulta próximo y cálido, y hasta diría entrañable. Los moteros son buena gente, un poco tercos, un poco marginales, pero buena gente.

Este año seguí la carrera en la que Márquez perdió por primera vez. Venía de ganar los diez primeros grandes premios del mundial, y al undécimo perdió. Ganó no me acuerdo quién, creo que fue Pedrosa. Le pregunté a un motero por qué Pedrosa parecía que nunca podría ganar el mundial de MotoGP, y me contestó: "Es un poco bajito". Pedrosa ganaba las carreras de 250cc con la gorra, como vulgarmente se dice, y me sorprendió que en 500cc, ahora MotoGP, fuese un segundón. Al parecer, pues, las condiciones atléticas también son importantes en el motociclismo.

Los otros dos corredores en liza en el actual mundial son Jorge Lorenzo y Valentino Rossi, *The*

Doctor. Lorenzo fue el primer español en ganar dos veces la categoría reina. El primer español en ganarla fue, recordemos, Álex Crivillé, en 1999, por delante de Kenny Roberts Jr. Y Rossi... qué se puede decir de Rossi, ¿acaso que de no haber sufrido aquel fatal accidente hubiese igualado a su compatriota Agostini como el mejor piloto de toda la historia? Para mucha gente lo es, simplemente porque a Giacomo Agostini no lo vimos jamás. Pero sabemos qué clase de corredor era Agostini, que corría dos campeonatos a la vez, el de 350cc y el de 500cc, y que los ganaba. Valentino Rossi es un monstruo (por cierto, también escribiendo: aún recuerdo sus entretenidísimas crónicas de las carreras en el diario *Marca*). Agostini era *el* monstruo.

Los campeonatos del mundo de motociclismo empezaron su andadura en 1949. Nombres como Leslie Graham, el primer campeón, Geoff Duke, John Surtees, Mike Hailwood, Kenny Roberts, etcétera, han jalonado su brillante historia. En la época en que yo fui adolescente, durante los ochenta y principios de los noventa, sonaban más los estadounidenses como Freddie Spencer, Eddie Lawson, Wayne Rainey, Kevin Schwantz o el australiano Wayne Gardner. Por aquel entonces las grandes fábricas japonesas ya habían hecho acto de presencia en el campeonato, dominando lo que antes había sido dominado por las marcas italianas. La globalización también había llegado al mundial de motos.

En cuanto a los españoles, pues un nombre brilla por encima de otros, a la espera de lo que Márquez pueda lograr en los años venideros. Y ese no es otro que el del madrileño Ángel Nieto y sus 13 títulos mundiales. Era otra época. Y cilindradas menores, donde los bajitos españoles de entonces destacaban más.

Una vez tuve la oportunidad de ver un reportaje en la extinta Canal Nou, el medio televisivo autonómico valenciano, sobre Ricardo Tormo y el circuito de Cheste, que sirve para cerrar el mundial todas las temporadas. Era un reportaje bello y trágico (Tormo falleció en un accidente de circulación). En el susodicho reportaje aparecía Nieto, héroe deportivo del tardofranquismo y hoy comentarista del mundial para Tele5. Me sorprendió lo bien amueblada que tenía la cabeza. Nadie gana tanto sin tener cabeza. Y eso que dicen que el mundo de las motos es un mundo para *locos*. Pues bien, Nieto era un tipo cabal, que sabía cómo vencer, cómo caer de pie, en una palabra. A Tormo le dio para diseñar el circuito de Cheste, ese que ha visitado Michael Jordan en Valencia alguna vez, y que le hizo decir al bueno de Rossi: "Este circuito me hace vomitar". ¡Valentino! ¡Es que Tormo quería hacer un circuito como los de antaño! Popular, revirado, sin balas de paja, con el público en la grada y no en la calle, pero con el mismo espíritu de aquellas carreras de pueblo en las que la afición a las motos exultaba por doquier. ¡Tú

deberías ser el primero en admirarlo!

Acabaremos, pues, a lo *salvaje,* pero con los pies en el suelo, o mejor dicho, en la moto. "Lágrimas de motorista, lágrimas que nublan la vista, no hay ninguna emoción antes de llorar", cantaba el grupo *mod* barcelonés Brighton 64. Si alguna vez me queréis recordar, recordadme llorando sin emoción a horcajadas de una Vespa de color negro. Modestia aparte, qué bien la conducía. Cómo tomaba las curvas. Qué velocidad, templanza y elegancia.

Aunque hablando de motos, esta breve estampa no podía acabar más que entonando a toda pastilla el himno motero por antonomasia, ese que ya utilicé al final de la introducción a mi libro *La fiebre conquistada. Ensayos sobre rock and roll*. Sí, estoy hablando de "Born to be wild" del grupo Steppenwolf, la banda sonora de la película *Easy Rider*. Recordadme, pues, como uno de ellos, como uno de los vuestros, como un *easy rider*:

"Pon tu motor en marcha
ponte en la carretera
buscando la aventura
en cualquier cosa que venga en nuestra
dirección"
etc.

AJEDREZ

"Dos empleados que en un café del Sur juegan un silencioso ajedrez"
Jorge Luis Borges, *Los justos*

Con el ajedrez me pasa como a Montaigne, el gran ensayista francés del siglo XVI. Es demasiado serio para tomármelo como un juego, y demasiado juguetón para resultarme serio. Qué le vamos a hacer, lo mío no es el ajedrez. Nada de aperturas, defensas, movimientos tácticos o agresivos, paciencia infinita y silencio en el Sur. Soy un poco bullanguero.

Sin embargo, hablemos de ajedrez. El noruego Magnus Carlsen de casi 24 años y el indio Viswanathan Anand, de casi 45 años, están disputando en la ciudad de Sochi (que organizó los últimos juegos olímpicos de invierno), Rusia, el campeonato mundial de ajedrez. Anand ganó el torneo de aspirantes, y es el aspirante que va a intentar derrocar al joven Magnus Carlsen, conocido popularmente por ser seguidor del Real Madrid. Mañana será la séptima partida y de momento vence el noruego al indio por 3,5-2,5, a falta de seis juegos. Carlsen ganó la sexta partida, en la que hubo errores por ambos lados, en treinta y ocho movimientos. Fue una dura batalla psicológica que duró varias horas.

El ajedrez es un juego antiguo. Ya el rey castellano Alfonso X el Sabio mandó escribir un tratado sobre el juego del jaque mate en el siglo XIII. Esto de los siglos antiguos es algo común en el juego de las sesenta y cuatro casillas. El tablero sigue siendo el mismo, de hecho, y a los que nos gusta la historia nos gusta esta larguísima tradición ajedrecística. Se cuenta que en el siglo XVI el rey Felipe II envió al ajedrecista Ruy López de Segura a batirse con los mejores jugadores de Italia. Según las enciclopedias, sería el primer campeón del mundo. Luego vendrían italianos y franceses, durante los siglos XVII y XVIII.

Pregunté en un foro de opinión a quién consideraban el mejor ajedrecista del mundo. Una buena respuesta fue: cada campeón del mundo, y ha habido dieciséis, en su apogeo. Pero me dieron otros nombres, figuras del siglo XIX como el estadounidense Morphy, Andersen, Staunton o el francés LaBourdonnais.

El campeonato del mundo de ajedrez oficial se celebra, como casi todo en este mundo, desde después de la 2ª Guerra Mundial. Pero el primer campeón oficioso fue el austrohúngaro Steinitz, quien, tras proclamarse campeón del mayor torneo de la época, el de Londres, se autoproclamó campeón del mundo. Esto ocurrió en 1872.

Como he dicho, desde 1872 hasta la 2ª Guerra Mundial, el campeonato mundial fue oficioso. Luego ya vino el oficial, que en la última década sufrió una escisión y finalmente una refundación. El culpable fue Gari Kasparov, al que algunos de los que pregunté en el foro consideran el mayor ajedrecista de la historia. Las partidas entre Kasparov y Karpov en los años ochenta y noventa revitalizaron el ajedrez y le dieron una enorme popularidad. Al menos así yo lo recuerdo. Karpov representaba la vieja URSS, ya en vías de extinción, mientras que Kasparov, también soviético por entonces, representaba la joven Rusia, liberal, democrática, etc. De hecho, Kasparov ha llegado a meterse en política, y no precisamente del lado de Putin.

Pero quizá el genio del juego del escaque más conocido sea Bobby Fisher, un estadounidense que en plena Guerra Fría derrotó al soviético Spaski, en el campeonato del mundo de 1972. Otros grandes campeones han sido Botvinnik, Alekhine, Lasker o el cubano José Raúl Capablanca. Nos *suenan* algunos de estos nombres, ¿verdad?

En fin, demasiado serio para ser un juego, pero un juego al fin y al cabo que no hay que tomarse demasiado en serio, ¿no es también así la vida? Vivir. Y pensar que todos somos un poco peones, que avanzamos trabajosamente y con lentitud en esta vida. O torres, a veces poderosas. O alegres caballos. O alfiles punzantes. O reinas que triunfan porque la belleza está en el movimiento. Y reyes. Siempre reyes amenazados, destronados, finalmente... Así es la vida, que va a dar en la muerte, como cantaba el poeta. Pero mientras tanto, salvemos al mundo. Juguemos de vez en cuando al ajedrez, aunque no sea por el título mundial precisamente.

BILL VS WILT

Una de las mayores rivalidades deportivas conocidas hasta la fecha ha sido la protagonizada en los años 60 por Bill Russell y Wilt Chamberlain. Unos veinte años antes que los míticos duelos entre Magic Johnson y Larry Bird, Bill y Wilt se enzarzaron en una pelea descomunal por dominar la mejor liga de baloncesto del planeta. Russell salió triunfador de tales batallas, pero Chamberlain será siempre el-jugador-que-metió-100-puntos-en-un-partido.

Discutía yo en un foro de expertos aficionados a la NBA sobre la consideración que debemos tener tanto hacia Bill Russell como hacia Wilt Chamberlain. Desde ahora me declaro fan del primero, aunque reconozco los meritazos del segundo. En fin, discutía yo un poco sin ton ni son y un forero muy amable me puso al día de la eterna rivalidad entre los dos mejores pivots de los años 60.

Bill Russell y Wilt Chamberlain jugaron un total de 142 partidos entre sí, el uno contra el otro, promediando Russell 14 puntos y 23 rebotes y Chamberlain 28 puntos y 28 rebotes, decimal arriba, decimal abajo. Más: disputaron siete séptimos partidos en playoffs con un total de 10 puntos de diferencia acumulada entre los siete. La historia fue la siguiente.

En 1960 Chamberlain perdió 4-2 contra los Celtics de Russell y Cousy, el sexto y definitivo partido lo perdió por 2 puntos con palmeo en el último segundo de Tom Heinshon, el *rookie* que le ganó a Russell, militando ambos en los Celtics, el galardón de mejor *rookie* del año.

En 1962 Chamberlain perdió contra los Celtics; el último partido lo perdió de 1 punto con canasta en el último segundo de Sam Jones después de que Chamberlain empatara el partido faltando unos segundos.

En 1965 Chamberlain jugó un séptimo partido contra los Celtics, anotando 30 puntos y cogiendo 32 rebotes. En el minuto final anotó dos tiros libres e hizo un mate sobre Russell que puso a sus Sixers por delante. El coach, Schayes (con el que se llevaba mal desde su época de jugador) diseñó la jugada final para Hal Greer pero en el pase para la jugada Havlicek robó el balón en uno de los momentos más clutch de la historia ("Havlicek stole the ball!").

En 1966 los Celtics ganaron 4-1, en el partido definitivo Chamberlain hizo 43 puntos y 34 rebotes.

En 1967 cambiaron a Schayes de entrenador por un *coach* que pidió a Chamberlain tirar menos a canasta, asistir más (más de 7 asistencias por partido, convirtiéndose en el único pivot de la historia en liderar la tabla de asistentes a final de temporada) y concentrarse en defensa. Chamberlain ganó el MVP y el anillo incluyendo un partido en las finales con 24 puntos, 32 rebotes, 13 asistencias y 12 tapones en el primer cuádruple doble (no oficial) de la historia.

Como se puede ver, mi amigo forero cargaba las tintas en las excelencias de Chamberlain, pero semejante postura es razonable cuando yo defendía a Russell por haber ganado 11 anillos en trece temporadas. Yo insistía en que a pesar de ser mucho peor anotador que *Goliath* (uno de los apodos de Chamberlain), *The Hawk* (uno de los apodos de Russell) cogía casi los mismos rebotes. Frente a frente, mi amigo sostenía que Bill hacía muchísimo en aquellos duelos sublimes, pero que Chamberlain hacía más, solo que solía tener peor equipo y que por eso Russell tiene 11 anillos liderando a los Celtics y Chamberlain "únicamente" 2, uno de ellos cuando ya no estaba enfrente su bestia negra (nunca mejor dicho). Chamberlain, gigante frágil, al fin y al cabo, digno de figurar en una tragedia griega, se topó luego contra un pivot que para muchos llegó a superar a ambos, como Michael Jordan llegaría a superar a Magic Johnson y a Larry Bird... estoy hablando, claro está, del gran Lew Alcindor, más conocido como Kareem Abdul-Jabbar.

Bill Russell y Wilt Chamberlain siempre fueron amigos fuera de la pista. Y es que el roce hace el cariño. Amigos íntimos que brindaron al mundo del deporte una de sus páginas más gloriosas. Luchas sin cuartel en las que admito finalmente la grandeza casi inconcebible de Chamberlain, aunque me sigo quedando después de todo con la maestría competitiva de Russell. Yo, que fui un buen base defensor con promedios de 10 puntos y 5 asistencias en mis años mozos, me rindo ante las gestas portentosas de Chamberlain, pero siempre preferiré al que lidera históricamente los Win Share Defensivos, esa estadística que habla de la defensa de un jugador, que no es otro que el bicho verde de Lousiana. Siempre he pensado que en el arte de meter la pelota en el cesto hay un punto de suerte, mientras que por contra la defensa depende 100% de nuestra férrea voluntad. Eso es lo que admiro en Bill Russell, que por otra parte era también un gran asistente. En fin, Russell fue elegido en el draft de 1956. Chamberlain empezó a jugar en la NBA en 1959. Nunca los vimos jugar. Pero yo, que siempre fui un laker, aún sigo soñando con la mano zurda del celtic Russell atrapando un balón ganador en el aire. ¡Quién lo diría!

XLIX SUPERBOWL

Fue una tarde gris y plúmbea de otoño cuando nos fuimos al campo de fútbol municipal a ver un partido de fútbol americano. Lo disputaban el equipo de mi pueblo, Vilanova Cavaliers, contra el equipo de los Vilafranca Eagles, y creo recordar que por entonces era un partido de la naciente liga española de fútbol americano, hoy mucho más desarrollada, y que cuenta con grandes equipos como los Valencia Firebats o los Badalona Dracs. No me resisto tampoco a recordar que por entonces la liga la formaban seis equipos o así, entre los

que estaban los Osos de Madrid, y que ahora en cambio hay tres conferencias, la nacional, la española y la hispánica y, no sé, quizá una veintena de conjuntos.

Aquello fue a principios de los 90, y luego vinieron los Barcelona Dragons, que jugaron la NFL Europa y que ganaron algunas de sus ediciones, contra equipos como los London Monarchs o los Frankfurt Galaxy. Jamás fui a Montjuich a ver a los Dragons, que vestían de verde y amarillo, pero una vez, volviendo en tren desde Barcelona a Vilanova, nos topamos con sus jugadores, todos ellos negros, que se bajaron en Sitges, donde residían. Fogosos y corpulentos jugadores de fútbol americano en persona, aunque no recuerdo haber adivinado quién era de todos ellos el famoso quarterback.

Esta es toda mi relación directa con el fútbol americano, de aquí en adelante denominado a secas football, el deporte más seguido de los EEUU de América, tanto por televisión como en sus estadios, que a diferencia de los del béisbol, son grandes y más que multitudinarios. Bueno, no es toda mi relación directa con el mismo. Porque tuve un balón de football. Me lo regaló mi hermano Loren Dieu, californiano de Modesto, donde se rodó la hermosa y mítica película American Graffiti. Y jugué con ese balón más de una vez, aprendiendo a lanzarlo como lo lanzan los geniales mariscales de campo de los grandes equipos de la National Football League, esto es, de la NFL. Ahora sí.

La primera vez que tuve conocimiento del fútbol americano fue en 1985. Aquel año ganaron la Superbowl (traducido en español latinoamericano como el Supertazón) los 49ers de San Francisco, con el inmortal Joe Montana como MVP. Desde entonces son mi equipo de la NFL. Creo que ganaron a los Miami Dolphins, que desde entonces son mi enemigo de la NFL, dicho sea, sin acritud, del no menos mítico Dan Marino. Luego seguí la Superbowl por los periódicos, pero no fue hasta el año 2010 cuando vi por primera vez en directo, a través del bendito internet, una final de la NFL, esta vez entre Green Bay Packers, que resultaron los vencedores, contra los Steelers de Pittsburgh. Fue una final muy emocionante, como casi todas. Los Packers golpearon primero. Hacia el final, los Steelers presionaron en campo de Green Bay, pero la defensa de estos aguantó el temporal de Pittsburgh hasta proclamarse finalmente campeones.

La Superbowl, o el Superbowl, es, pues, como ha quedado dicho, la final del fútbol americano y se disputa siempre el primer domingo de febrero. La primera edición data de 1967, por la época en que el tenis inició su era Open. La NFL existía ya desde 1920, pero había otra liga. Hoy lo que hay son dos conferencias, la Americana y la Nacional, y el campeón de cada una de ellas juega la Superbowl y se corona, como dicen los estadounidenses, como campeón del mundo. El trofeo del ganador lleva el nombre del legendario entrenador Vince Lombardi y es coqueto y sencillo a un tiempo.

Cada vez más gente sigue el football. En Londres, en el estadio de Wembley, ya se disputan cuatro partidos de la Liga Regular de la NFL, una liga que empieza en septiembre y acaba en enero. Luego se disputa la postemporada, es decir, los playoffs, y la Superbowl, que hace más o menos un lustro batió todos los récords en EEUU de seguimiento televisivo, derrotando al entonces programa más visto de la historia de la televisión, que era el último episodio de la serie M. A. S. H., de 1983, una serie que dramatizaba la Guerra de Corea de principios de los años 50. ¿Qué es mejor? ¿La ficción o el deporte? Lo mismo ocurre en Europa, donde la Champions bate los récords de series ochenteras como Heidi. No sé si es mejor o peor, pero en todo caso el deporte se ha convertido en lo más seguido por televisión, y yo me alegro. El deporte combina lo mejor de la ficción, que es el drama, con lo mejor del realismo, que es la misma realidad. Aquí estoy yo haciendo de Píndaro para darle valor a esos casi 120 millones de estadounidenses que siguen la Superbowl y al resto de telespectadores de los 200 países que emiten la señal de dicho partido.

Y con esto llegamos a la XLIX Superbowl, celebrada en el estadio de la Universidad de Phoenix en Glendale, Arizona, el pasado 1 de febrero, entre los Seahawks de Seattle, campeones de la conferencia Nacional, y los New England Patriots, campeones de la conferencia Americana. Ambos equipos llegaron a la postemporada con récord de 16 victorias y 4 derrotas. Los Patriots, radicados en Foxborough, cerca de Boston, son la segunda mejor franquicia deportiva profesional estadounidense en el siglo XXI, tras los San Antonio Spurs de la NBA. Llegaron a la Superbowl tras remontar dos veces 14 puntos de desventaja frente a Baltimore Ravens en semifinales de conferencia, y después de arrollar en la final a los Indianapolis Colts. Por su parte, Seattle Seahawks, vigentes campeones, vencieron en una dramática final de conferencia a Green Bay Packers tras ir perdiendo 16-0 con un touchdown final en la prórroga. La Superbowl número 49 enfrentaba pues a dos grandes equipos, la mejor defensa, Seattle, contra uno de los mejores ataques, New England. Los pronósticos eran reservados y nadie se postulaba claramente como favorito.

Fue la sexta Superbowl para Tom Brady, y nadie ha jugado tantos partidos finales de titular como el quarterback de los Patriots, que luchaban por conseguir su cuarto trofeo Vince Lombardi después de haberlo ganado en las ediciones de 2002, 2004 y 2005. Las grandes franquicias de la historia, Steelers, 49ers, Cowboys de Dallas, quedarían menos lejos para New England si lograba derrotar en esta edición 49 a Seattle, que por su parte buscaba lograr el primer doblete (y su segundo tro-

feo) desde el conseguido precisamente en 04 y 05 por New England. Dos colosos, pues, frente a frente, y tras los prolegómenos, el pitido inicial.

La puesta en escena del partido nos mostró sobre todo cautela por ambos lados, aunque mayor dominio de los Patriots en el juego a la mano, buscando avanzar yardas poco a poco, en downs cortos pero precisos. Cuando estuvieron ya cerca de la end zone de los Seahawks, tras un largo drive de mas de cinco minutos, el pase de Brady fue interceptado y al final del primer cuarto se llegó con el resultado de 0-0. Empezaron los siguientes 15 minutos, y los Patriots siguieron igual, hasta que esta vez pudieron lograr touchdown y colocarse 7-0. Los Seahawks tenían que reaccionar, y así lo hicieron, logrando el empate a 7. Sin embargo, los Patriots siguieron como antes y se pusieron 14-7. Solo a 30 segundos del descanso un pase del quarterback de Seattle, Russell Wilson, logró conectar con su receptor en la end zone rival y la jugada acabó, pues, en touchdown, que es como el ensayo o try en el rugby. 14-14 y paso al show musical del descanso.

En el tercer cuarto, espoleados por esta última jugada, los Seahawks arrollaron a los Patriots con su fuerte defensa y se fueron en el marcador 24-14. Parecía que la suerte les sonreía y que podrían revalidar el título. Solo dos veces en la historia de la Superbowl se habían remontado 10 puntos de desventaja y solo restaba el último cuarto. Pero los Patriots no se amilanaron y continuaron jugando cortito y al pie, como diríamos en fútbol. Así lograron dos touchdowns que remontaban el partido y lo ponían 28-24 favorable a New England a dos minutos del final. Y entonces llegó la jugada del partido y ya una de las más célebres de la historia del Supertazón. Un desesperadamente largo pase de Wilson fue capturado in extremis por Kearse a cinco yardas de la end zone de los Patriots. Primera y gol. Siguiente jugada, balón para The Beast, Marshawn Lynch, el runningback de los Seahawks. Parado por la defensa a una yarda de la zona de marca. Una yarda y tres downs para los Seahawks, que necesitaban el touchdown para ganar. Cuando todo el mundo esperaba una jugada para Lynch y la victoria de Seattle, el balón sale de la línea de los Seahwks, va a la mano derecha de Wilson, y éste lanza un pase. El comentarista de televisión estalla en exclamaciones: "¿Cómo te la juegas al pase? ¿Cómo te la juegas al pase?". Y el balón, a escasos centímetros del touchdown, es interceptado, no consigue su objetivo y pasa a manos de New England, que deja correr el tiempo y se proclama campeón. Todo el mundo esperando el juego terrestre, un intento fallido de juego aéreo como factor sorpresa, y la defensa de los Patriots finalmente gana el anillo.

Esta memorable jugada defensiva no fue óbice, sin embargo, para que el MVP del partido fuera a parar a Tom Brady, el legendario quarterback de New England

Patriots. Y aquí me rindo a la evidencia. Brady consigue su cuarto Superbowl, los mismos que los legendarios Terry Bradshaw (de los metálicos Steelers de los años 70) y Joe Montana (de los mágicos 49ers de los años 80). Supera a Joe Montana, y ya es superar, en pases de touchdown en la Superbowl con 13. Pero Brady, al que le tenía algo de tirria por esto de igualar o superar a Montana, también se rindió a la historia y declaró, más o o menos, lo siguiente, al final del partido: "Para mí es un honor estar al lado de Joe Montana, el quarterback de los San Francisco 49ers, mi equipo de infancia". Y es que Brady es californiano de San Mateo, en el área de la Bahía. ¡Tom Brady, leyenda!

Así se acabó la Superbowl número 49. La prensa de Arizona ya había lanzado sus portadas con el titular "Champs Again!" y debajo la foto de los Patriots. Los confetis y demás ornamento revoloteaban por el aire del campo. Eran las cuatro de la madrugada en España.

Y el año que viene la edición número 50. ¡50 años ya de Superbowl! Volverán las tardes grises y plomizas de otoño, y volveremos a soportar el spleen de la vida siguiendo la NFL, sus coloridas franquicias, los logos en los cascos protectores (por cierto, el de los Patriots cambió, ¡y me gusta más el de los años 80!), sus choques de cuerpos, su infinita táctica, su pasión. Volverá la Superbowl su magia a posar frente a nuestros ojos. El mayor espectáculo del mundo. Y yo, como cavalier de Vilanova, espero estar presente, aunque sea a miles de kilómetros de distancia.

¡RUGBY AL PODER!

Cuando veía el torneo de rugby de las VI Naciones el torneo se llamaba de las V Naciones e Italia no participaba. Cuando veía el torneo de las V Naciones, la Francia de Serge Blanco dominaba el hemisferio norte y mi ídolo era el apertura galés Jonathan Davies. Cuando veía el torneo de rugby más importante del planeta lo echaban por La 2 los sábados por la tarde y no en exclusiva, como ahora, por el Canal Plus. Cuando veía el V Naciones casi lloraba de emoción al ver por primera vez en mi vida jugar al rugby, ese deporte de villanos jugado por caballeros que tanta estima concita en el mundo y, también, aunque sin demasiado fruto, ay, en España.

El actual Torneo de las VI Naciones es el torneo deportivo más antiguo del planeta y solo por eso merecería un libro aparte. Pero, amigo lector, nos tendremos que conformar con lo que aquí buenamente vaya yo escribiendo, ya que nadie más lo hace. Hablando de rugby es fácil dejarse llevar por la nostalgia, pero entre la nostalgia y la simple energía está la templanza, y me gustaría que este artículo fuese, pues, templado. No soy de los que abjuran de la participación de Italia en el torneo y por lo tanto no soy de los que lloran por que el mítico V Naciones sea hoy el mediático VI Naciones, pues en su día todo empezó con un partido entre Inglaterra y Escocia y el torneo luego fue de las IV Naciones hasta la incorporación de Francia, primero en 1910 y después definitivamente desde 1947. La historia, si de algo sirve, es para relativizar las nostalgias y los arrebatos emocionales. No, al contrario.

El torneo más antiguo del mundo empezó su andadura, pues, en 1883, entre las cuatro naciones del Reino Unido de la Gran Bretaña (Irlanda no se independizó hasta 1920). Italia se sumó en el año 2000, con el empuje de la profesionalización de un *sport* que, cuando lo veíamos en aquellos inolvidables sábados por la tarde, era jugado por fontaneros, electricistas y otros oficiantes de parecido jaez. Debo añadir por cierto que en esto tuve ojo clínico, porque el primer gran jugador en irse al rugby profesional fue mi admirado Jonatahn Davies, con quien el País de Gales logró la Triple Corona (vencer a los demás países británicos) y el título (compartido con Francia) en 1988 y el tercer puesto un año antes en el primer Mundial de rugby jugado en Nueva Zelanda.

¿Se ha perdido la mística del amateurismo con la profesionalización? Mi opinión es que no. O no del todo. El torneo de las VI Naciones sigue siendo el torneo más místico del mundo. Puede haber espectáculos mayores, como la *Superbowl* o qué sé yo, el Clásico, pero en cuestión de mística, nada supera al VI Naciones. Claro que hablamos de una mística muy concreta, y, ciertamente, ahora, en los últimos años, algo diluida. Es la mística de lo británico, del *british weather*, de las *home nations*, de la guinness irlandesa y del champán francés, del *romance* y de la civilización occidental, del primer deporte codificado de la era moderna. Es la mística, en fin, del Imperio Británico, y después de la ´entente cordiale´ con Francia, cordialidad no exenta de rivalidad histórica, como digo, encauzada civilizadamente por el deporte -si los Griegos paralizaban las guerras para sus juegos, ¿por qué no nosotros? Hoy es también la mística de Garibaldi y los mil camisas rojas de la unificación del Estado italiano que nos hace cantar el *Azurro* como si fuera la canción *par excellence* de nuestra propia vida.

¿Y España...? La que dio los versos místicos más míticos en boca de Teresa de Jesús, allá en la fría y majestuosa Ávila:

"Nada te turbe
nada te espante
todo se pasa
dios no se muda
la paciencia
todo lo alcanza
quien a dios tiene
nada le falta
solo dios basta"

Pues España, regular. No acometió, cuando era capaz de vencer a Italia y plantarle cara a Rumanía, la profesionalización del rugby. De aquellos tiempos de Alberto Malo, el *flanker* de la UE Santboiana, apenas nada queda. Por suerte, en Sant Boi se sigue jugando al rugby, y en Valladolid se le enseña a los niños. El Quince

del León juega el llamado VI Naciones B, o Campeonato de Europa de Naciones, y este año va tercera, tras Georgia y Rumanía, que son selecciones mundialistas, habiendo derrotado a Rusia, Portugal y Alemania. Normalmente, esta posición debería permitirnos jugar al menos la repesca contra Uruguay, como este año la jugó Rusia, aunque perdiera.

¿La mística de la meseta y el cielo velazqueño, y la mediterránea del sol y de la playa virgilianos, y la de la galerna del Cantábrico, y la de Andalucía; la mística hispánica, en fin, podría competir a nivel mundial?

Pero dejemos la política, aunque sea cultural y hablemos de rugby. Inglaterra y Gales lideran el historial del VI Naciones con 26 títulos cada una, si bien Inglaterra posee 12 Grand Slams (ganar todos los partidos del torneo) y País de Gales 11 (tres de ellos los han visto mis ojos, y especialmente emocionante fue el primero de estos tres como he relatado en otra parte del libro). Les siguen Francia con 17, Escocia con 14 e Irlanda con 13, recién conquistado el torneo, aunque sin Triple Corona ni Grand Slam, este año 2015. Por su parte, Italia aspira cada año meramente a no llevarse la Cuchara de Madera (perder todos los partidos), hito que acaba de lograr al vencer en el mítico Murrayfield a Escocia.

El calendario y la enorme victoria de País de Gales contra Irlanda en la penúltima jornada, partido que no pude ver por encontrarme de regreso de un viaje a la muy rugbística ciudad francesa de Montpellier, nos abocó a una última jornada de infarto ya conocida como el mejor *supersábado* de rugby de la última década. Llegaban en triple empate y por este orden Inglaterra, Irlanda y Gales. En otro tiempo, los tres hubiesen ganado el torneo, pero desde 1996, año en que el VI Naciones pasó a llamarse oficialmente Campeonato de Europa, los títulos no se comparten en caso de igualdad a puntos, sino que la clasificación prima la mejor diferencia entre puntos marcados y puntos encajados. Vamos a relatarlo, pues.

Gales venció a Italia en Roma por 20-61 tras una segunda parte gloriosa (la primera parte acabó 13-14), con lo que su *average* subía hasta +53. El zaguero y excelso pateador Halfpenny, el ala North y compañía habían hecho su trabajo regalándonos a los seguidores de Gales una auténtica promesa de felicidad, que como todo el mundo sabe se llama *belleza*. Pero bien, Irlanda tenía que ganar, pues, de más de veinte puntos a Escocia en Escocia. Sonaron el *Ireland´s Call* y la vibrante *Flower of Scotland* y se empezó a jugar en Murrayfield. Fermín de la Calle sostenía en el Plus que no pensaba que Irlanda fuese a arrollar a la vieja Caledonia, pues habían perdido todos sus partidos, sí, pero no por mucha diferencia de puntos. Pero nada más empezar Irlanda ganó el balón oval en fase de conquista y ensayó. Luego

fue un vendaval verde que imagino que debió entusiasmar a la parroquia proirlandesa, entre la que ciertamente no me cuento. Así que el resultado final fue de 10-40 para Irlanda, llevándose la Cuchara de Madera Escocia y el torneo provisionalmente la vieja Erín con un *average* de +63. Soy de la opinión de que, si el Quince del Trébol hubiese necesitado otro ensayo más, lo hubiese conseguido.

De manera que todo estaba previsto para el desenlace final en la catedral del rugby, el esplendoroso estadio de Twickenham en Londres. Inglaterra, que empezaba con un average de +37, debía vencer por veintiséis puntos a Francia (en caso de empate con Irlanda, había realizado más ensayos a lo largo del torneo). Hay que decir que Inglaterra empezó el torneo ganando en el Millenium de Cardiff en un magníficamente disputado partido contra Gales, pero había perdido en el Aviva Stadium (el viejo y resonante Landsdowne Road) frente a Irlanda, en un partido que el apertura irlandés Jonathan Sexton manejó a su antojo tanto en el pateo como en la transmisión, tanto en el placaje como en las fases de conquista, dando una clase magistral de rugby de altos quilates. Supongo que le darán el premio de *Man of the tournament*.

Pero volvamos a Londres, al último partido del VI Naciones 2015, a las seis de la tarde, todavía con el tímido sol británico posándose ya en el horizonte. Fue un partido histórico, memorable, apoteósico. Empezó fuerte el

Quince de la Rosa, pero *les bleus* en seguida opusieron resistencia - no se iban a dejar humillar, así como así. Incluso se adelantaron en el marcador 7-15, lo que hacía el trabajo inglés aún más hercúleo, mediado el primer tiempo. Pero como no había más tiempo que perder, los ingleses, comandados por su apertura reserva George Ford y por su estupendo zaguero Mike Brown, y, obviamente, por su delantera y línea, empezaron a carburar sin pausa y llegaron al descanso con trece puntos de ventaja en el marcador. La mitad de la misión estaba cumplida y aún quedaba la segunda parte. ¡Y la segunda parte fue maravillosa, golpe a golpe, verso a verso, como cantaba Serrat, iban cayendo los puntos de uno y otro lado en una exhibición de rugby ofensivo que para sí quisiera el rugby del hemisferio sur! Total, que por increíble que parezca el resultado era de 55-35 a falta de ya unos pocos minutos para el final del partido e Inglaterra estaba a un ensayo transformado de la victoria. Parece increíble que Francia, que estaba haciendo un buen partido, dejándose la piel, perdiera por veinte puntos. *Incroyable mais vrai.*

Entonces hubo una *touche* a cinco metros de la línea de marca francesa. Quedaban unos segundos. ¡La *touche* del fin del mundo! La ganó Inglaterra. Y allí que la delantera atacó ferozmente la defensa gala y por unos segundos las flechas que volaron en la batalla de Hastings (o en una de esas) se convirtieron mágicamente

en corazones de caballeros jugando a ese deporte de villanos que es el rugby, y misteriosamnete el balón pareció que fuera a ser posado cerca de los palos franceses. Pero, ay, *errare humanum est*, y la gesta impensable no pudo ser culminada, muriendo el partido en el resultado antedicho (55-35) y otorgando el título del VI Naciones 2015, pues, a Irlanda, que, reeditando título, lograba algo que no conseguía desde 1983.

Muy bien. Hasta aquí la crónica. Me falta el escolio final. He hablado de mística, británica, hispánica e incluso, si eso es posible, italiana. Pero, a decir verdad, y con todo el amor místico que le tengo a la rosa del rugby, sigo prefiriendo a la razón. La razón vitalísima que es fecundada con su pasión por eso que llamamos imaginación o fantasía. Si no fuera por la imaginación, hace tiempo que habría dejado de ver rugby, de seguir, aunque solo sea por las noticias el VI Naciones, porque la mística y la nostalgia me hubiesen impedido disfrutar de ver que hoy, treinta años más viejos, ni el Plus es lo que era Martí Perarnau en La 2 ni siquiera el torneo aguanta *en cierto sentido* la comparación con el querido amateurismo de antaño.

Pero yo estoy a favor de la profesionalización, del capitalismo de libre mercado e incluso, y sobre todo, de la democracia. Quién sabe si de aquí a unos años España podría participar en un torneo jugando en lugares tan legendarios como Murrayfield.

Solo su nombre me hace estremecer. Fue el filósofo greco-francés Cornelius Castoriadis quien instigó aquello de "la imaginación al poder" que recorrió el Mayo del 68 francés. Pero hoy, tras la resaca del último *supersábado* de rugby europeo, con semejantes ansias contraculturales, desde la lejana España exclamo, con toda mi alma: sí, ¡la imaginación al poder! O más bien: ¡rugby al poder!

MIS WARRIORS

He tenido suerte. Justo en la temporada en que instalo el Canal Plus en casa los Golden State Warriors, mi equipo de la NBA, han hecho su mejor temporada de la historia y una de las mejores de todos los tiempos de cualquier equipo en temporada regular. ¿Por qué soy de los Warriors, un equipo que casi siempre quedaba fuera de los playoffs? Pues por afinidad electiva. Por mi *hermano* Loren Dieu, nacido en Modesto, California. Soy de los Warriors como soy de los Athletics de la misma ciudad de Oakland. Soy de los Warriors porque además me gustan sus colores, su apodo y su estilo de juego, aguerrido y poético al mismo tiempo.

En 1988 organizamos en mi escuela un *all-star* los chicos que por entonces nos dedicábamos a jugar al baloncesto. Uno eligió *vestirse* de Jordan, que por entonces ya destacaba por encima del resto. Otro de Ewing. El de más allá, quizá de Magic, no recuerdo más. Y yo me *vestí* de Sleepy

Floyd, el base all-star de los Warriors que sigue teniendo el récord de anotación en una mitad y en un cuarto de un partido de playoffs, con 39 y 29 puntos respectivamente. Se puede ver en Youtube. Floyd hizo 51 puntos y dio 9 asistencias para ganar ese cuarto partido de las semifinales de conferencia de la Oeste en 1987 y salvar el honor de Golden State frente a unos hasta entonces imbatidos e imbatibles Lakers de Los Angeles. Fue el 10 de mayo de 1987 y el entrenador de Golden State Warriors era George Karl.

Organizamos un *all-star* y un concurso de triples, que no puedo recordar quién ganó. El de mates no sé si quedó en un mero intento o hicimos un simulacro en las canastas de mini-basket que había en la pista de juego de mi escuela. Pero aún no he dicho quién era Loren Dieu. Loren Dieu es mi *hermano* de AFS-Intercultura, una asociación (*American Field Service*) dedicada a enviar a americanos a estudiar al extranjero durante un curso académico. Este Loren, de Modesto, California (la ciudad donde se filmó *American Grafitti*), vino así a nuestra casa en el curso 1984-1985, mientras mi hermano Javier se iba a Zurich, Suiza, también a estudiar y vivir allí. La iniciativa fue de mi madre, el Dios de Spinoza la tenga en la gloria. A Loren le recibí con los brazos abiertos y, obviamente, mi americanización fue total, mientras paralelamente los años reaganianos americanizaban el mundo también. Y así conocí de primera mano el deporte profesional estadounidense, la NFL y especialmente la NBA, porque, como he dicho, yo entonces dedicaba mucho tiempo a jugar al baloncesto tanto en la escuela como en la terraza de mi casa, sita en la Rambla de mi ciudad, donde había colgado un bote de *Dixan* que hacía las veces de canasta y jugaba allí horas y horas durante las tardes emulando, entre otros, al imborrable Sleepy Floyd, que jugaba de base, como un servidor. La hazaña del "adormilado" Floyd está considerada hoy en día como uno de los 60 mejores momentos de la historia de los playoffs.

Pero no he empezado a escribir para hablar de los playoffs de la NBA, sino de su temporada regular 2014-15, que ya finalizó, y en concreto de la temporada regular que acaban de protagonizar mis Warriors de Golden State, que tendrán ventaja de campo en todas las eliminatorias que disputen. En cuanto a la temporada regular, pues quizá lo más destacable respecto a mis previsiones del pasado noviembre es que Oklahoma City Thunder han quedado fuera de playoffs pese a los heroicos triples-dobles con que se ha despachado el base Russell Westbrook al final de esta temporada regular. En su lugar, ha entrado New Orleans Pelicans del pivot Anthony Davis, un jugador de época ya pese a su juventud. En el Oeste, el cuadro que ha deparado la *regular season* es el siguiente (pongo primero al equipo con ventaja de campo, siempre al mejor de siete partidos): Warriors-Pelicans, Grizzlies-Trail

Blazers, Rockets-Mavericks y un estelar Clippers-Spurs. Al final Los Angeles Clippers han quedado terceros, como el año pasado. Los Spurs, vigentes campeones, sextos, tras perder el último partido en Nueva Orleans en una noche de fiesta y lujuria de los de Anthony Davis. Memphis ha ido de más a menos, pero serán un hueso duro de roer en las eliminatorias y los Rockets han quedado segundos comandados durante toda la temporada por un excelso James Harden, que opta al MVP.

Por el Este, la gran sorpresa ha sido Atlanta Hawks. Aún recuerdo el maravilloso partido que nos depararon los Hawks y Golden State Warriors el 6 de febrero, un viernes de madrugada, en Atlanta, partido cuyo peso en la primera mitad llevó Golden State pero que finalmente los reservas de los Hawks decantaron del lado de Atlanta. Dijo Daimiel que desde los años 80 no se enfrentaban dos equipos con tan buenos récords (cómputo de las victorias y de las derrotas) en un partido que quizá se podrá repetir en la final de la NBA de este año. Atlanta Hawks ha batido, además de llegar a las 60 victorias, un récord, el de victorias logradas en un mes, con un 17-0 en el mes de enero que quedará para los anales de la historia del baloncesto.

Los otros enfrentamientos serán Cavaliers-Celtics, Bulls-Bucks y Raptors-Wizards. Lebron James intentará lograr su tercer anillo de campeón, pero se puede topar con unos Bulls donde Pau Gasol, y no Derrick Rose, ha resucitado:

líder más veterano de la historia de dobles-dobles con 54, con medias de 18,5 puntos, 11,8 rebotes y 2,7 asistencias por partido. Simplemente de leyenda. También cabe destacar la gran temporada de Mirotic quien con unas medias cercanas a los 10 puntos, 5 rebotes y 1 asistencia por partido opta al premio de mejor novato del año, aunque los expertos parecen coincidir en que el *rookie* de este curso será el *timberwolve* canadiense Andrew Wiggins. Por su parte los Bucks han pasado de ser el peor equipo de la temporada pasada a quedar sextos en el Este, entrenados por un mago como Jason Kidd. Los Wizards, en quienes aposté fuerte en mis previsiones de noviembre, han decepcionado un poco pese a la buena temporada de su base John Wall, y su cancha en el DC tendrá siempre la desventaja.

Pero vuelvo a mis Warriors. Aunque no soy una persona que sepa que las medias de Bob Cousy son de 18,4 puntos, 5,2 rebotes y 7,5 asistencias por partido con unos porcentajes de 37,5% en tiros de campo, para un total de 16.960 puntos, 4.786 rebotes y 6.955 asistencias a lo largo de su carrera, he ido recopilando algunos datos de la temporada histórica de los del Estado Dorado, que espero que sean de vuestro interés.

Los Warriors 14-15 han batido varios récords de la franquicia, como el número de victorias seguidas con 16, y el número de victorias seguidas en casa con 19. También han batido el récord de victorias en casa con un récord de 39-2. Uno de esos dos partidos fue una derrota en noviembre frente a los vigentes campeones, San Antonio Spurs, y la otra fue en la prórroga contra Chicago Bulls, un partido que pude ver y cuyo peso también lo llevó siempre Golden State, que ganaba por 10 puntos al inicio del último cuarto. Pese a estos tropiezos, a decir verdad, se lo han pasado bomba este año en la bahía, porque si el Oracle Arena ya era antes de los Splash Brothers una cancha caliente donde la gente iba a disfrutar de baloncesto, cómo se lo han tenido que pasar este curso con semejante espectáculo, como el récord de puntos anotados en un cuarto del escolta Klay Thompson en un partido contra Sacramento Kings en enero.

Pero no solo de la bahía viven los Warriors y este año han batido también el récord de la franquicia de partidos ganados fuera de casa. Por otro lado, las 15 victorias del mes de marzo, pasado ya el All-Star (donde fueron titulares los hermanos Gasol y cuando Stephen Curry superó a King James en número de votos), igualan su mejor registro de siempre, que data del mes de enero de 1960 cuando los Warriors ni siquiera estaban en Oakland.

Todo esto ha hecho que Golden State Warriors haya ganado el título de la División Pacífico, cosa que no lograba desde que lo ganara consecutivamente en 1975 (el año que ganó el anillo de la mano de Rick Barry, aquel inolvidable alero que lanzaba los tiros libres en modo cuchara) y 1976. También es la primera vez desde los años 1975-76-77 que mis Warriors disputan los playoffs en tres temporadas consecutivas, las dos primeras dirigidos por el gran exbase Mark Jackson y este año liderados por el mejor entrenador novato de todos los tiempos, el exalero de Bulls y Spurs y excomentarista de televisión Steve Kerr. En total, tenemos la mejor temporada de la historia de la franquicia con 67 victorias y 15 derrotas, superando el registro de 59-23 de la temporada 75-76. 67-15 da un 81% de victorias y es la mejor ganancia de victorias que jamás ha tenido un equipo que partía con más de 50 victorias del año anterior (16 desde el 51-31 del año pasado, estando la anterior marca en 13 partidos). En suma, Golden State Warriors ha hecho la sexta mejor temporada regular de la historia de la NBA, igualando a los Celtics de la 85-86, los Bulls de la 91-92, los Lakers de la 99-00 y los Mavericks de la 06-07, precisamente eliminados en primera ronda en un duelo histórico (era la primera vez que un 8º eliminaba a un 1º a siete partidos) por los Warriors en aquella ya mítica eliminatoria del "We believe" que esperemos que este año no se repita, pero al revés.

Pero tengo más datos, fríos, y escalofriantes en este caso, datos: mis Warriors terminan con un diferencial de puntos de +10,1 (+828 en total), siendo el octavo mejor de siempre. Los anteriores que lo alcanzaron fueron siempre campeones, salvo en el caso de los Bucks de la 71-72, pero entonces ganaron el anillo los Lakers, otro equipo que superó esa barrera del

+10. Mis Warriors han sido los primeros en anotación (110 puntos por partido), en el +/-, en porcentaje de tiro (47,8%), en porcentaje de triples (39,8%) y en asistencias (27,4). Han sido segundos en eficiencia ofensiva (puntos conseguidos por cada 100 posesiones) por una décima (los primeros han sido los Clippers con 109,8 puntos) y primeros otra vez en eficiencia defensiva (98,2 puntos encajados por cada 100 posesiones). Todo esto, como he dicho, les ha valido para resultar campeones de la *Pacific Division*, donde juegan los equipos de Los Angeles, y para ser líderes del Salvaje Oeste (donde un año más siete equipos han estado por encima de las 50 victorias), y de la NBA en temporada regular.

Pero no se vayan todavía, aún hay más: Stephen Curry, el mayor de los Splash Brothers, el base de este equipo y líder natural de la franquicia, estrella inconfundible del Oracle Arena, aspirante al MVP de la temporada, ha batido su propio récord de triples conseguidos en una misma *regular season* y lo ha dejado en 286 con un 44,3% de acierto.

Con todo esto, ¿cómo no voy a soñar? ¿Cómo no vamos a pensar que el anillo, que se resiste desde 1975, es este año posible? Unos duros Pelicans nos esperan en primera ronda, pero no el feroz Westbrook. Luego, probablemente, unos fieros Grizzlies, pero quizá ya no tan fieros. Y en la final de conferencia, ¡cualquier cosa puede pasar! Recemos porque nuestro pivot australiano Andrew

Bogut no se lesione, porque Draymond Green enchufe sus triples y sea el alma guerrera que siempre ha caracterizado a los de la Bahía. Recemos porque los secundarios estén a la altura... pero todo esto ya formará parte de lo que ocurra en los playoffs, que empiezan mañana.

Mis Warriors, ese equipo segundón e irrelevante, el hasta ahora peor equipo del siglo XXI, optan al anillo. Han sido muchos años de intrascendencia, de quedarnos siempre fuera de los playoffs, apenas visionando videos de un lejanísimo anillo logrado por un señor que lanzaba los tiros libres como las niñas, rememorando siempre el récord de Sleepy Floyd, o el espíritu de los 90 del efímero Run TMC (Tim Hardaway, Mitch Richmond y el gran Chris Mullin) entrenado por Don Nelson, el mismo del más reciente, ya mencionado, pero no menos efímero, *we believe*. Son ya casi treinta años de pura pasión por un equipo que ni siquiera ha jugado unas finales de conferencia. Y ahora, repito, ¿cómo no vamos a soñar? O quizá lo mejor será, como dijo el poeta alemán Novalis, "soñar y al mismo tiempo no soñar...". En todo caso, ganemos o perdamos, diremos como siempre, como colofón: *Go Warriors!* ¡Que el espíritu de Rick Barry, Sleepy Floyd y Chris Mullin esté con vosotros!

EL MADRID, OTRA VEZ CAMPEÓN DE EUROPA (DE BALONCESTO)

Tras dos finales fallidas, el Real Madrid de baloncesto viene de proclamarse campeón de Europa derrotando al Olympiacos de El Pireo por un resultado de 78-59. Es su noveno título si contamos a partir de 1958, cuando empezó a disputarse la Copa de Europa de clubes de baloncesto, si bien el primero desde que oficialmente existe la Euroliga (2000-01). No voy a ser yo quien ponga el dedo en la llaga en este *decalage* de títulos. Considero que el Real Madrid ha ganado su novena Copa de Europa y su novena Euroliga. El título tiene distinto nombre y es distinta la copa -cosa que no ocurre, sin embargo, si no estoy errado, con la Copa de Europa de fútbol y su heredera la Champions. Pero el sabor añejo, como el del buen vino, es el mismo. De hecho, clubes que hicieron historia en los años 60 como el propio Real Madrid, el Milán o el CSKA de Moscú siguen formando parte de la élite europea. Otros, que empezaron a despuntar a finales de los 70 o en los 80, como el Maccabi o el Zalguiris de Kaunas, lo mismo. Por no hablar de los clubes griegos que empezaron a aparecer en los 90, hoy absolutos protagonistas de la Euroliga. Copa de Europa, pues. La vieja y a un tiempo nueva Europa.

¡*I feel devotion*! Ya saben ustedes cómo funciona desde el año 2000 este torneo. Primero una fase de grupos. Luego el Top-16.

Luego empieza lo bueno, que son los playoffs, para cerrar con el plato fuerte, que es la Final Four, al estilo del baloncesto universitario estadounidense. De hecho, la Final Four se disputaba ya antes del fin del siglo pasado; se disputó en el 66 y en el 67 y desde el año 88 ininterrumpidamente. También desde 1988 se otorga el premio al jugador más valioso de la Final a Cuatro. Nombres ilustres, leyendas de este deporte, como Bob McAdoo (el primero), Kukoc, Sabonis, Ginobili, Jasikevicius, Papaloukas, Diamantidis, Spanoulis y Navarro, entre otros, jalonan el palmarés del MVP de la fase final. Aparte, desde el año 2000 se otorga el MVP del torneo regular y del Top-16. El año pasado lo ganó el base español Sergio Rodríguez, cuya esposa fue alumna mía de 2º de Bachillerato en Alicante. Antes del año 1988, lo que se hacía era honrar al máximo anotador de la final, y entre tales podemos nombrar a auténticos portentos del baloncesto, como Emiliano Rodríguez, Belov, Meneghin, Epi o Petrovic, el gran y malogrado Drazen. Aparte, claro está, de toda la nómina de americanos europeizados que aun hoy en día destilan su clase en las canchas de baloncesto del viejo continente.

Esto de la Euroliga, qué duda cabe, es un poco injusto. Porque según las estadísticas Juan Carlos Navarro aparece como el jugador con más partidos cuando en realidad Dino Meneghin, la leyenda italiana, el pivot sensacional, alargó su carrera durante las increíbles diez finales seguidas del Varese (cinco títulos) en los años 70... rematando su gloriosa trayectoria con otras dos copas logradas con el Milán en 1987 y 1988. Grande Meneghin, a quien vi en persona como delegado de la seleccion de Italia en el Eurobasket de 2007 en el Centro de Tecnificación de Alicante. Pero, en fin, así están las cosas, y por eso escribo entre otras razones este artículo, para poner estas cosas en perspectiva. No vayamos a creernos más de lo que somos, ni tampoco menos.

Mi primer recuerdo televisivo de la final de la Copa de Europa es, sin duda, el de la final de 1983 que la Virtus Roma (el Banco di Roma) ganó al FC Barcelona en la ciudad suiza de Ginebra, por 79-73, pese a los 31 puntos de Super Epi. Yo tenía nueve años ¡Ya por entonces me apasionaba el baloncesto, ya por entonces no sentía sino *devoción* la noche de la final de la Copa de Europa! Pero aquella derrota del Barça en su primera final fue el inicio de una trágica relación del club catalán con la hoy denominada Euroliga. Vinieron más crueles derrotas partiendo como favorito, aunque por el camino descubriéramos a jugadores de la talla de Toni Kukoc, formidable jugador. Y por fin la victoria, con Bodiroga como MVP, pero ya con un joven Navarro metiendo triples en el equipo. Fue en el 2003 y aunque no soy muy del Barça de basket me alegré un montón por tantos amigos que sí lo eran y lo son. En honor de los Epi, Solazábal, Jiménez o el mítico Chicho Sibilio, entrenados por el gran Aíto García Reneses... ¡se lo merecían! Entre tanto, está la bonita historia de un pequeño club que un día me llamó para ir a *probar* a su cantera. Hablo de la Penya, el Joventut de Badalona, campeón de Europa en 1994. Yo entonces tenía veinte años. Quién sabe si de haber aceptado la *prueba* seis años antes me hubiese encontrado como base reserva de Rafa Jofresa en Tel Aviv... ¡Ah no, que por delante estaba su hermano Tomás! Bueno, soñar es gratis y siempre me hago esta pregunta.

Desde luego, a nivel técnico y táctico, me sentía lo suficientemente capacitado para ser hasta profesional del baloncesto en un club como la Penya, pero mi nivel físico -empezando por mi muy justa medida de 1,80 metros de altura- era otro cantar. Definitivamente, no hubiese sido nunca un base joven de 20 años que gana la Copa de Europa con el club que le diera una oportunidad seria en su adolescencia.

Aquel Joventut tenía un equipo magnífico, formado por la cantera y por un par de buenos jugadores americanos. Recuerdo siempre con especial cariño a Ferrán Martínez, del que me he leído un libro suyo sobre baloncesto y meditación zen. Entre Romay y Gasol, está Ferrán Martínez. Lo vi en persona jugando con la selección española júnior en mi pueblo. Además, estaba el gran Villacampa, que aún hoy tiene el récord de puntos logrados en un partido con la selección absoluta de baloncesto. El año 1994 fue especial, porque acababa de fallecer mi padre y yo andaba un poco deprimido. Entonces estudiaba Derecho en la Facultad de Derecho de la UPF de Barcelona, y recuerdo cómo algunos compañeros de clase que eran de Badalona celebraron por todo lo alto la consecución de semejante logro. Dos años antes, ¡en el año olímpico!, la Penya había perdido en el último segundo contra el Partizan de Belgrado en Estambul. Así que la Copa de Europa de 1994 fue una doble redención. Si bien a mi querido padre ya no había Dios que lo amparase.

En medio de las finales disputadas por el Joventut de Badalona, hoy ciudad cuyo alcalde es mientras esto escribo del Partido Popular, fue el club francés del Limoges el que se alzó con la Copa de Europa en 1993. Fue la primera corona europea jamás lograda por un club francés en cualquier deporte profesional. Poco después creo que el Marsella ganó la Copa de Europa de fútbol. Y de balonmano, es posible que algún club francés la haya ganado dado el dominio que en los últimos años ha tenido la selección francesa de Karabatic y compañía, pero, la verdad, ahora que lo pienso, no me suena. En todo caso, el primero fue el Limoges, con un basket rácano, es cierto, pero no todo el mundo tiene a Jordan, por decir algo, en sus filas. Eso sí, el entrenador era nada menos que Maljkovic.

Hablando de entrenadores, y hablando de la Copa de Europa, hay que hablar por supuesto de Obradovic. La escuela balcánica, otrora yugoslava, es inagotable. No entiendo muy bien cómo son tan inteligentes para los deportes en general y en cambio políticamente, en aquellos años, se estaban matando entre ellos. En cualquier caso, cabe reseñar las ocho copas de Europa de Obradovic con distintos equipos, aunque principalmente sus cuatro Euroligas con el Panathinaikos ateniense ya en el siglo XXI, que superan los registros de históricos como Gomelsky o el español, alicantino para más señas, Pedro Ferrándiz. Especialmente llamativos fueron los enfrentamientos entre Obradovic y Messina, el italiano que ahora en la NBA busca su lugar al sol como primer europeo en entrenar como *head coach* a un equipo de la liga profesional estadounidense de baloncesto.

Y, en fin, vuelvo a la novena Euroliga del Real Madrid de Baloncesto. Enfrente, el temible y ya mítico Spanoulis (en la semifinal el Olympiacos iba perdiendo ante al todopoderoso CSKA de 9 puntos a falta de tres minutos hasta que Vassilis empezó a enchufarlas de todos los colores). ¡O-lym-pia-cos! ¡O-lym-pia-cos! rugían los de El Pireo. Segundo cuarto y 15-21 en el marcador y no parecía que el talento del Real Madrid pudiera imponerse al *savor faire* de los griegos. Hasta que apareció Nocioni, a la postre MVP de la F4 con sus 35 años a cuestas, y puso un tapón milagroso viniendo desde atrás. ¡Así sí! (Pd: He visto repetido el segundo cuarto y el tapón de Nocioni es anterior al 15-21, pero en este caso el orden de los factores no altera el producto,

que es el tono defensivo y agresivo que tal jugada marcó para el resto del equipo y para el resto del encuentro). El Madrid logró igualar primero con los triples del lituano Maciulis, y luego el Olympiacos empezó a fallar. 35-28, fin de la primera parte, que se convirtió en un esperanzador 40-29 para los blancos nada más empezar el tercer cuarto. Pero en eso que los griegos aún no habían dicho su última palabra, parcial de 12-0 y 40-41 en el marcador. Otra vez sensación de impotencia en los madrileños. Salvo que entonces apareció como de la nada el gran Jaycee Carroll y con tres triples seguidos más una canasta de dos volvió a abrir una diferencia que sería ya insalvable para el Olympiacos, que finalmente se resignó a la por fin y tan arduamente conquistada superioridad blanca.

El Real Madrid de baloncesto era, otra vez, campeón de Europa. Habían tenido que pasar veinte años después de la última, conquistada en Zaragoza en 1995 de la mano de Sabonis, y es solo la segunda si contamos desde 1980. Bueno, menos da una piedra.

MESSI

Más o menos a la misma edad que tenía Di Stefano cuando aterrizó en un menor Real Madrid en 1953, Lionel Messi ha ganado su tercera Copa de Europa (cuarta si le contamos también la de 2006) vistiendo la zamarra del FC Barcelona. Tres Champions y siete Ligas, más Copas y Supercopas, jalonan el palmarés del mejor futbolista de la última década. Y lo que le queda. ¡Larga vida a Lionel Messi!

No fue la de ayer, para mi gusto, la mejor final de Champions que recuerdo haber visto. En cambio, Segurola escribe hoy en el diario *Marca* que fue la mejor de los últimos quince años. Un poco exagerado. Yo creo que fue más lo que prometió al principio que lo que luego realmente ocurrió. Y no fue un brillantísimo partido de fútbol porque Messi, precisamente Messi, no estuvo en su mejor versión. Claro que esto no es óbice para que participara determinantemente en el primer gol azulgrana y también en el segundo.

Decía que el partido prometió al principio lo que luego solo a ráfagas ofreció realmente. Y es que el primer gol del Barça fue una obra maestra. Primer balón que toca Messi, a los cuatro minutos de iniciado el juego, desplazamiento del balón en diagonal; el lateral izquierdo, Alba, la toca para Neymar que a su vez la toca para Iniesta que a su vez se la pasa a Rakitic quien por fin marca el 1-0. ¡Belleza!

Los quince minutos siguientes fueron un baño del Barça a la Juventus de Turín. Aunque como se vieron tan pronto delante en el marcador, el ritmo del balón de los jugadores del Barça no era todo lo rápido que podía ser, teniendo a Neymar a un lado y a Suárez en el centro de la delantera. Especialmente me gustó

Busquets, atento al quite y exquisito en la apertura o creación de la jugada. Grande Sergio Busquets.

Pero después de los primeros veinte minutos, y gracias a que el portero Buffon paró lo que parecía el segundo gol azulgrana, la Juve empezó a comerle terreno al Barça. Así se llegó al descanso. Y en la segunda mitad, más de lo mismo. Con otra intervención providencial del que ha sido uno de los mejores porteros de fútbol de la última década. Hasta que en un mal despeje del lateral derecho Alves, la Juve recupera en el medio campo, triangula, se mete en el área y Morata, el delantero madrileño, bate al azulgrana Ter Stegen. El Barça había hecho el pardillo, pues la sensación es que era bastante superior al equipo transalpino.

Luego llegó, en la fase de dominio juventina, el posible penalti de Alves a Pogba e inmediatamente después, en un contragolpe, el durísimo chut de Messi y el gol de Suárez en el rechace. El Barça otra vez por delante. Y así la Juve lo volvió a intentar atacando bastante bien, pero como equipo claramente inferior hasta que ya en la última jugada del partido, en otro contragolpe propiciado por un despeje de Piqué, Neymar sentenciaba con el 3-1 final.

Así el FC Barcelona conquista su quinta Copa de Europa, su cuarta Champions desde 2006. La Juventus, por su parte, queda como el equipo continental que más finales ha perdido, superando entre otros al Benfica portugués en esta suerte. Iniesta, el imponderable *sweet* Iniesta, fue nombrado mejor jugador de la final, es decir, *Man of the Match*. El pase del primer gol, así como la ruptura al espacio previa, son antológicos. Pero, ya digo, lo que prometió el partido al principio solo se cumplió en parte, principalmente porque Messi estuvo como a medio gas.

Ese Messi nos recordó al del Mundial pasado de Brasil. Bajaba mucho a recibir al centro del campo. Pero, aunque es Messi, y ha marcado goles maradonianos, como por ejemplo el primero que hizo el sábado pasado al Athletic de Bilbao en la final de la Copa del Rey, Maradona tenía un punto mayor todavía de técnica individual. Quiero decir que, a Messi, ayer, le costaba irse de los marcajes más que de costumbre, como le costó en el Mundial cuya gran final jugó -era su mayor deseo en los dos últimos años y la razón del bajón de su rendimiento en el club- pero finalmente perdió.

¿Es Messi uno de los grandes de la historia del fútbol? Sin ninguna duda. Ya lo he escrito en otras estampas. Cuando se hable de esta época dorada del Barça en la última década, se hablará de Messi. Cuando se hable de los dos tripletes que el Barça a día de hoy atesora, siendo el único club europeo en gozar de ese privilegio, se hablará de Messi. Como cuando se recuerdan las cinco Copas de Europa del Madrid se habla de Di Stefano. O de las Ligas que desde entonces el Real Madrid empezó a ganar como churros. Incluso la comparación entre Messi y Di Stefano resulta pertinente en lo siguiente, a saber, que ambos han sido mejores jugadores de club que de selección, por una razón o por otra. Pelé, en cambio, triunfó en las dos suertes, como campeón del mundo (en dos ocasiones, o en tres si contamos el Mundial de 1962) y como campeón de la Libertadores con el Santos a principios de aquellos años 60. Pelé es, para mí, el mejor futbolista de todos los tiempos.

Pero Messi es... simplemente Messi. Es que estar a la altura de Maradona, pese a no ganar un Mundial... estar a la altura de Di Stefano, pese a que ganar cinco Copas de Europa seguidas no esté ya a su alcance... estar a la altura de Pelé, cuya cantidad de goles en un año natural creo recordar que Messi ha superado... que te comparen con todos ellos, en fin, con el cambio de ritmo de Cruyff, el profeta del gol, etcétera, es muy pero que muy grande. Es una bendición haber podido vivir todo esto en vivo y en directo. Y, como he dicho antes, aun lo que le queda, pues va a cumplir 28 años, los mismos más o menos que tenía don Alfredo cuando llegó al Madrid. Quién sabe lo que nos deparará el futuro inmediato de Messi.

Una lástima que mi padre no haya podido disfrutar de semejante jugador, aunque no estoy tan seguro de que hubiera disfrutado con la época dorada del Barça. Mi padre me invitó a ir a Wembley, empero, a ganar la primera Copa de Europa del Barça en un viaje en autobús hasta Londres de veinticinco horas de ida y otras tantas de vuelta. Pero hay algo di stefaniano en Messi, esto es, como dijo Valdano, el hecho de que sea- Maradona-casi-todos-los-días, que sin duda haría las delicias de mi progenitor. Y hay algo de Pelé, en la cantidad de goles marcados, y en la cantidad de pases de gol (dejemos las *asistencias* para el baloncesto) ofrecidos. Y hay algo de Cruyff, que obviamente tiene que ver con la vinculación de Leo Messi con el FC Barcelona.

Cruyff cambió la triste historia azulgrana (una Liga en casi treinta años, ninguna Copa de Europa). Messi la ha multiplicado. Desde luego, en esta tesitura, serán los culés los que disfruten más, ahora que es más difícil ser un culé leal entre tanta histeria y necedad institucional. Por eso me alegro infinito, por lo que a mí se refiere, de haber sido culé precisamente en la época en que como entrenador Cruyff cambió la historia del Barça. Fue entonces cuando más frecuentemente acudí al Camp Nou, para ver ganar cuatro ligas seguidas al Barça, récord que ni siquiera el equipo de Messi ha igualado. Para ver ganar la Primera, que siempre será la mejor. Para dejar atrás esa primera vez que asistí, con siete u ocho años, al coliseo azulgrana cuando el Barça perdió una liga tras empatar 2-2 con el Betis después de ir ganando 2-0. Maravillosos los goles de Quini, pero triste resultado final. Pues bien, aquello ya es en efecto historia pasada. Hoy el FC Barcelona brilla en el firmamento de los grandes clubes europeos. Y es por Cruyff antes que por Messi.

Es por Messi antes que por la propia idiosincrasia del club.

UN ANILLO PARA LA HISTORIA

Todavía con el eco de la batalla resonando en mis oídos, tengo que hablar de las Finales de la NBA que, oh sorpresa, enfrentaron a mis Golden State Warriors, ¡a la postre campeones!, y a los Cleveland Cavaliers de Lebron James. Cómo no hablar de unas finales que han sido las más vistas desde las de los Bulls de Jordan en el 98, y las más vistas desde que las finales las retransmite la cadena de televisión estadounidense *abc*, esto es, desde 2003: una media de 19.939.000 de espectadores y un 11,6% de rating. Pueden parecer pocos al lado de los 100 millones que cada año siguen la Superbowl, pero, insisto, desde los últimos Bulls de Jordan no se veía literalmente nada igual en el mundo del baloncesto.

Y es que el año para mis Golden State Warriors ha sido glorioso, redondo, único. Ya he hablado en otra estampa de su fortaleza en los números (*strength in numbers* fue el lema escogido para estos playoffs) de la temporada regular, encumbrada finalmente por el anillo de campeones. Campeones de la NBA o, como se decía antes, ¡*world champions*!

En efecto, como campeones del mundo llegaron los integrantes de la fabulosa plantilla de los Warriors al aeropuerto de la bahía de San Francisco, con Curry saliendo el primero del avión, enarbolando el trofeo. Una imagen así solo me trae a la memoria la Copa del Mundo que ganó España en Sudáfrica y su recibimiento estelar en Barajas. Lo máximo.

Y como no podía ser de otro modo, los Warriors han sido campeones contra todo pronóstico. Al inicio del curso baloncestístico, la consecución del anillo por parte de la franquicia de Golden State se pagaba 25-1 en las casas de apuestas de Las Vegas. En mi pronóstico de octubre, los nombré como gallitos del Oeste, pero poco más. Un 25-1 a inicios de la temporada es más de lo que se pagaba por el anillo que consiguieron los Dallas Mavericks en 2011. Ha sido, por tanto, la mayor sorpresa de los últimos diez años.

Sorpresa relativa, claro está, visto lo visto en la *regular season*. De hecho, los Warriors han partido como favoritos en todas las eliminatorias por el título, y eso ha sido un hándicap más que otra cosa. En el primer partido de primera ronda perdieron en el último cuarto una ventaja de 25 puntos contra los Pelicans de Nueva Orleans que, de la mano de Davis, a punto estuvieron de dar un susto en la cancha del Oracle Arena de Oakland. Se desató entonces un debate sobre el grado de experiencia de los jugadores de los Warriors. Cuando llegaron a la final, salió el dato de que ninguno de ellos había jugado nunca una. Eso explica un poco lo que ocurrió. Pero antes los Warriors tuvieron que lidiar con los feroces

Grizzlies de Memphis, que se llegaron a colocar 1-2 en la serie, y con los Rockets de Houston.

En todas estas eliminatorias, Stephen Curry, el base de Golden State nombrado MVP de la temporada regular, dorsal número 30, ya mítico, brilló con casi 30 puntos de media por partido. Sus triples han pasado a la historia como sin duda de los más bellos jamás vistos. Y su efectividad es incomparable, por si fuera poco.

Soy de los Warriors desde la época del récord de *Sleepy* Floyd en unas semifinales de conferencia de 1987 contra los Lakers. Eran los primeros playoffs en Oakland, si digo bien, desde la época de Rick Barry. Todavía el logo era el del estado de California con la estrella a la altura de San Francisco. Hoy el logo es el puente más famoso del mundo, el Golden Gate en la apertura de la bahía de la ciudad del norte del Estado Dorado.

Después del breve periodo del base *adormilado*, llegaron los dos años del Run TMC, nombre que se le dio al trio formado por Chris Mullin (nuestro eterno número 17 que ya jugaba, jovencísimo, con *Sleepy* Floyd), Mitch Richmond y Tim Hardaway debido a su baloncesto rápido y ofensivo, semejante a la música de un grupo de rap del mismo nombre: Run TMC. Jugaron playoffs. Fueron los últimos hasta el año del *We believe*. La historia de los Warriors ha sido, como se ve, más bien tristona desde el anillo de 1975. Aun así, en Oakland siempre se ha amado el baloncesto y su cancha fue siempre de las más calientes de la NBA.

De modo que me agarraba al récord de *Sleepy* Floyd de 1987 o me ilusionaba con el Run TMC de principios de los 90, pero estuvimos sin playoffs hasta la temporada del *We believe*, cuando por primera vez un equipo que había quedado 8º en temporada regular eliminaba a un 1º al mejor de siete partidos. Este equipo fueron mis Golden State Warriors, con el base Baron Davis a la cabeza, y batieron nada menos que a unos Dallas Mavericks que habían logrado un récord de 67-15 (victorias-derrotas), justamente el mismo récord que este año lograron los Warriors de los *Splash Brothers*. Aquel año fue 2007 y lo sentí por Dirk Nowitzki, pero es que mis Warriors.... Aquello supuso el resurgir de la franquicia, si bien de aquel equipo no queda nadie hoy en día. Solo fue en 2009 cuando Golden State seleccionó en el *draft* al base Stephen Curry en el puesto número siete. Este curso ha sido el merecido MVP.

La contratación del entrenador novato y exjugador Steve Kerr ha sido la clave que nos ha permitido dar el salto definitivo. Con el anterior entrenador, mi querido exbase Mark Jackson, el equipo ya defendía de élite, pero en ataque tenía pocas soluciones y no siempre bien pensadas. Que si aclarados, que si juego al poste. Con Kerr, el equipo ha pasado de 245 pases por partido (el que menos el curso pasado) a 315. El movimiento del balón, por ejemplo,

amén del cambio táctico en defensa, fue clave para derrotar a los correosos Grizzlies en semifinales de conferencia y jugar por primera vez desde 1976 una final de conferencia. Quizá ha sido el momento más emocionante de estos playoffs para los seguidores de los Warriors, junto con la remontada frente a los Cavaliers y especialmente el *Game 5* de las Finales, que será siempre recordado.

Y es que después de una final de conferencia en la que Curry se impuso a Harden, llegamos a principios de junio a las Finales. La meta final estaba cada vez más cerca. Por el lado del Este, Cleveland fue eliminando primero a Boston, donde perdió a Kevin Love por lesión; luego, en una dura serie, a los Chicago Bulls de Pau Gasol, que se lesionó; y en la final de conferencia del Este a los otrora invencibles Atlanta Hawks por un contundente 4-0. Las espadas en todo lo alto.

Los quintetos titulares del *Game 1* fueron por los Warriors: Curry, Thompson, Barnes, Green y Bogut, y por los Cavaliers: Irving, Shumpert, James, Thompson y Mozgov. El partido llegó a la prórroga, y en la prórroga, cuando la cosa estaba ya decantada a favor de mis Warriors, el base Kyrie Irving se lesionó para no volver a jugar en toda la serie final. 1-0 para Golden State.

Le sustituyó en la titularidad el combativo base australiano Dellavedova, quien, junto a un inmenso James, se convirtió en el héroe inesperado de los dos siguientes partidos. Los Cavaliers ganaron el segundo partido también en la prórroga y lograron llevarse también, ya en Cleveland, el tercero. 1-2 para los Cavaliers.

Entonces, vino el ajuste. Se había dicho que no importaba que Lebron James metiese 40 puntos, pero era mentira. Había que parar, o al menos desgastar, al Rey. Y así Lebron James obligó al *staff* técnico de Golden State a cambiar un quinteto titular que había logrado un récord histórico de 67 victorias y 15 derrotas en temporada regular, y que hasta entonces había vencido en todas las series por el título. En lugar del pivot australiano Bogut entró a defender a Lebron James el alero André Iguodala, un experto jugador que a pesar de haber sido *all star* en 2012, había sido relegado a la suplencia con la llegada de Kerr en beneficio de Barnes (el pivot David Lee, otro *all star*, también dejó su sitio al increíble Draymond Green al inicio de temporada), y que no había jugado ningún partido de temporada regular como titular. El efecto no tardó en hacerse notar y los Warriors fueron ganando los siguientes encuentros, con más o menos dificultad, hasta resultar campeones.

Por eso el MVP de las Finales fue para Iguodala, el primer MVP de la historia que no ha sido nunca titular en temporada regular. El curso pasado el MVP fue Kawhi Leonard, el defensor *spur* de Lebron James. Esto habla ya por sí solo de la dimensión como jugador de *King* James. Las medias de Iguodala en la final fueron de 16,3 puntos, 5,8 rebotes y 4

asistencias por partido, el MVP de las Finales menos anotador desde los años 80. ¿Se merecía Curry y no Iguodala el MVP? Es un debate. Yo lo tengo claro. El MVP se da por la final solo, no por el conjunto de los playoffs, de modo que Iggy fue la clave para que los Warriors pudieran hacer frente al vendaval lebroniano que en cada partido se les venía encima y que hacía temer por la derrota final.

Ese vendaval lebroniano se resume en los siguientes números: 35,8 puntos, 13,3 rebotes, 8,8 asistencias, 1,3 robos y 0,5 tapones por partido, resultando James el primer jugador de la historia de las Finales en liderar todos estos aspectos del juego contando ambos equipos. Es cierto que todo esto con porcentajes muy mejorables, en concreto un 39,8% en tiros de campo, un 31% en triples y un 68,7% en tiros libres. Pero líder de todo, la actuación del ya treintañero Lebron James solo puede equipararse a las mejores actuaciones del mejor jugador de todos los tiempos, esto es, Michael Jordan (no voy a incluir al mastodóntico Chamberlain ahora en el debate).

Le preguntaron a Kerr a qué atleta actual se podía comparar Lebron James, visto el destrozo que les estaba haciendo, y el entrenador de los Warriors (primer novato en ganar el anillo desde que en 1982 lo hiciera el legendario Pat Riley con los Lakers) contestó: "Quizás con... *American Pharoah*". Ajá. *American Pharoah* es un caballo de carreras que viene de lograr por primera vez desde 1978 la Triple Corona, es decir, las tres carreras más importantes del circuito de los EEUU para caballos de tres años, a saber: el famoso Derby de Kentucky, la Preakness Stakes de Baltimore y la Belmont Stakes en Nueva York.

Por mi parte he preguntado en los foros hispanos sobre NBA cuál es el mejor Jordan de la historia, y los más entendidos me respondieron: el del primer anillo de los seis que posee, es decir, el del 91, el de la final contra los Lakers, el año del fin de *Magic* Johnson (y su rivalidad con Larry Bird) y el inicio de la era Jordan. Pero en las finales del 93, contra los Phoenix Suns de Charles Barkley, Michael Jordan logró en puntos anotados y asistidos la friolera de 55,3 puntos, su récord personal, obteniendo además un *usage* (porcentaje de posesiones finalizadas) superior al 40%. Pues bien, en las Finales que acaba de jugar Lebron James, el Rey ha logrado 57,7 puntos entre anotados y asistidos superando también, aunque por poco, el 40% de *usage*. Estadísticas avanzadas que nos indican de qué madera está hecho Lebron James, qué clase de jugador es, etc.

Lo mejor que se puede decir de James, aunque otros pensarán que es lo peor, es que el Rey no es *jordanesco,* como por ejemplo lo han podido ser Kobe Bryant o Dwyane Wade. Lebron domina los partidos como Jordan sin necesidad de imitar a Jordan. James es *lebroniano,* guste más o guste menos su estilo, y ha quedado claro para muchos escépticos en

las Finales que acaban de disputarse y que, una vez más, ha perdido. Ya van cuatro de seis, por cierto, pero James es el único jugador desde los Celtics de Russell en los años 60 en jugar cinco finales seguidas. ¿Y las que le quedan?

En esto también me tiene ganado el Rey. En los 90 estaba demasiado de moda que Jordan ganase siempre. Ahora está de moda que James pierda siempre. Pues yo prefiero a un jugador que, dominando como lo hace el juego, nos recuerde la máxima deportiva antigua de los Griegos de que "un perdedor es un posible ganador". Para la ética deportiva, incluso para el espectáculo, no estoy seguro de que fueran beneficiosos los seis dedos que *Air* Jordan levantó en Utah nada más ganar su sexto anillo en 1998. Si no conoces la derrota... ¿a qué sabe realmente la victoria? *No time for loosers....* dice la canción. ¿Seguro que es así?

De esto podrían hablar largo y tendido mis Golden State Warriors, demasiados años atravesando un desierto en el que ganar el anillo, o siquiera jugar una final de conferencia o de NBA, resultaban simplemente una quimera. Pero aquí está: ¡ciudadanos de la Bahía, ya lo tenéis aquí! Curry sale del avión escoltado por el gigante Bogut y el sol brilla en el área de la bahía de San Francisco, la ciudad a la que, como nos recordaba el cantante Scott Mackenzie, hay que ir con algunas flores en el pelo, pues todo allí es amabilidad. 98 triples ha metido Stephen Curry en estos playoffs, dejando en nada el anterior récord de Reggie Miller, de los Pacers de Indiana, de 58 en el año 2000. ¡*Splash brothers*! ¡Y es que Klay Thompson, por su parte, aunque no hiciera precisamente una gran final, ha metido 57!

83 victorias en total jalonan el recorrido de los Golden State Warriors en este curso baloncestístico, otra vez un récord por debajo solo de las victorias logradas por los Bulls de Jordan en los años 96 y 97. Contra una actuación descomunal, sobrehumana, heroica, conmovedora del que sigue siendo el Rey de la NBA, mis Warriors, jugando un baloncesto alegre y vistoso, ya tienen un anillo para ellos (para nosotros, su afición) y para la historia. ¡Grandes los Warriors!

APRENDER

"De las victorias se disfruta, de las derrotas... se aprende", reza el tópico, esta vez, me parece, acertado. Disfrutamos de la vida porque, al nacer, ya hemos derrotado una vez a la muerte. Pero esta vida misma consiste en aprender *de ella misma* la derrota que supone el que sea mortal, y el hecho de que no seamos omnipotentes. El economista Ludvig Von Mises cifraba su liberalismo en el hecho de esta frustración de las esperanzas juveniles que con la edad cambian o se desvanecen. Es en este sentido en el que me considero liberal o, para decirlo como Spinoza, al menos de *talante liberal*.

El deporte es una escuela estupenda de aprendizaje. Siendo muy niño, aprendí a jugar a las canicas, y hasta gané un torneo en el club de tenis de mi pueblo, del que mi padre era socio, donde jugaba al frontennis. Fue mi primer trofeo. En el instituto nos enseñaban a jugar, por ejemplo, al voleibol, deporte que hoy suelen practicar mis sobrinas. En la hora del recreo, íbamos al bar de enfrente y allí aprendimos a jugar al billar, o al mismo futbolín (que era más fácil).

Pero si recuerdo nítidamente cómo aprendí algo fue aprender a jugar al baloncesto. No recuerdo aprender a leer, y apenas a escribir. Pero la manera como aprendimos a practicar el baloncesto sigue viva en mi memoria. En septiembre de 1984, justo después de la plata olímpica en Los Ángeles´84 de los Epi, Corbalán, Romay y compañía, Toni Dichós nos empezó a enseñar los *fundamentos* del deporte de la canasta inventado por Naismith a principios del siglo XX en Norteamérica. Daniel Agut, Jaume Barcons, Òscar Bladas (que creo recordar que lo dejó), Xavier Canales, Pau García, Joan Montesó, Agustín Pons, Càndid Sánchez y yo mismo éramos la primera generación de la Escola Llebetx, fundada en 1968 en su propia casa por la maestra de escuela Francesca Cabrisses, que íbamos a formar un equipo de baloncesto, en este caso de mini-básquet. Nuestro uniforme era una camiseta de tirantes naranja con el nombre de la escuela en negro y pantalón corto de color también negro. Yo llevaba el número 5.

Empezamos por las tardes, paso a paso, poco a poco, fundamento a fundamento. Toni Dichós había pintado él mismo la pista de baloncesto al aire libre donde íbamos a aprender. En medio, una rosa de los vientos. Lo primero que recuerdo es el bote, aprender a botar. Allí íbamos haciendo filas y botando los balones tal como nuestro entrenador nos había enseñado. Lo segundo fue aprender a pasar. Cómo coger el balón con las dos manos, soltarlo y de qué manera y en qué dirección. Ejercicios de pasarse el balón. Lo tercero fue entrar a canasta, con la consabida bandeja. ¡Primeros puntos! Lo siguiente fue tirar, lanzar a canasta. Quizá lo más difícil. Aprender la mecánica de tiro, primero lanzando cerca de la canasta, luego progresivamente alejándose, hasta llegar al triple. Después la defensa, bajar el culo. Y finalmente el juego, cuando empezamos, tras aprender todo esto, a hacer partidos de entrenamiento. Ya sabíamos botar, ya sabíamos pasar, ya sabíamos entrar, ya sabíamos tirar, ya sabíamos defender. Ya sabíamos las reglas: entonces y solo entonces ya podíamos empezar a jugar, felices.

Algunos teóricos de la educación dicen que la modulación de nuestro algoritmo biológico y las técnicas no son los asuntos principales que hay que enseñar. El verdadero aprendizaje sobrepasa el algoritmo biológico y las técnicas. Naturalmente que aprendimos la

técnica de botar, pasar, tirar, defender, etc., pero en consonancia precisamente con el algoritmo biológico de cada uno de nosotros, en tanto individuos, de manera tal que nadie bota, pasa y tira exactamente igual que el de al lado. La esencia del aprendizaje es individual, y no son las técnicas en sí o el algoritmo biológico *per se*. La esencia del aprendizaje es y seguirá siendo el *juego* como tal, tal como es aprehendido por cada individuo, en este caso en un juego de equipo. Lo que a la postre se aprende y llamamos *saber* es el conocimiento del juego, y aquí lo que empieza a contar esencialmente es la misma práctica.

Aquí entran en juego, nunca mejor dicho, la intuición y el talento o disposición de cada cual. ¿Se puede medir la inteligencia? Lo dudo. El CI, o como dicen en inglés, el IQ, solo es un baremo aproximativo de los aspectos medibles de la inteligencia humana, aquellos que el filósofo Castoriadis llamaba conjuntistas-identitarios. Pero la raíz misma de la inteligencia no es lo conjuntista-identitario, susceptible de medición, sino la *imaginación* humana, inaprehensible para las técnicas psicológicas de medición. Lo que Kant llamaba la imaginación creadora. No somos una especie de hipermonos; somos y seremos, mientras tengamos imaginación, simplemente humanos.

Formamos el equipo y empezó la temporada. Fueron dos años jugando al mini-básquet y ganándolo todo. No sé si hago bien en decirlo, pero yo me salía. Era base, alto para el tamaño del mini-básquet, botaba bien, entraba fulgurantemente, las metía todas, de cerca y de lejos. Ganábamos partidos con resultados abultadísimos como 100 a 0. Sobre todo, recuerdo un 16-15 a nuestro máximo rival, que nos dio el trofeo ansiado. Mi récord de anotación sigue siendo de aquella época. 33 puntos. No sé si he perdido el acta del partido, pero durante mucho tiempo la conservaba en casa. Nuestro mejor partido fue una final de copa, otra vez contra nuestro máximo rival, en la pista de una escuela sita en la Rambla de mi pueblo llamada La Pau, una tarde soleada y radiante de primavera.

En 7º de EGB pasamos a jugar al baloncesto normal. Fue un año difícil, de transición. Cambiaba el tamaño del balón y las canastas estaban más altas. Por una parte, era más divertido contar con más espacio, por otro lado, perdí mi puntería. Ya no las metía. Ay. Tuve que reciclarme en aprender a penetrar aún mejor, y sobre todo en dirigir y mover el balón a gran velocidad. Siempre había sido un buen defensor, y eso tampoco lo perdí. Me puse el número 13.

Como mis prestaciones bajaron, aquella temporada no ganamos nada. Incluso en la liga quedamos terceros, no segundos. Pero en la copa, ya hacia el final del curso, pudimos llegar a la finalísima. Fue en la pista del colegio Casa de Amparo de mi pueblo. Perdimos de 11 puntos contra un equipo formado por chicos un año mayor que nosotros, que habían ganado todos sus partidos con diferencias superiores a los 20 puntos. Perdimos, pero con honor, haciendo un buen papel.

Y llegó la última temporada. Yo ya me había adaptado al baloncesto normal y aprendido nuevas estrategias. No pudimos ganar la liga por el *básquet-average*, pero al final nos llevamos la copa. Nuestro eterno rival nos ganó de 11 puntos en su pista. Lo cierto es que aquello fue una encerrona, un partido jugado de noche entre semana, y no el sábado por la mañana como de costumbre. En la vuelta, por fin pudimos ganarles, 46-40, pero como se ve solo de 6, insuficientes respecto de los 11 puntos que ellos traían de ventaja. En la copa, para dar oportunidades a más equipos, nos juntaron a ambos en la primera eliminatoria. Nos jugábamos el todo por el todo. Quien ganara ese partido posiblemente acabaría ganando el trofeo. Con nuestro entrenador, Rafel Urpí, preparamos un plan. Yo no saldría en el primer cuarto, y jugaría los tres siguientes. Mezclamos titulares con reservas. Fue un partido jugado en la pista del parque de mi pueblo que está junto a la playa de Ribes Roges. Una mañana de abril. Aguantamos el primer cuarto. Salí yo, y en el segundo cuarto ya conseguimos algo de ventaja, no mucha. Las espadas en todo lo alto. En el tercer y último cuarto, ya con casi todos los titulares en pista, hicimos un partidazo. Hay que decir que ellos eran un muy buen equipo, duro de roer. Ampliamos algo la ventaja y llegaron los últimos 10 minutos. Los nervios no nos podían traicionar. *Temple*. Ellos apretaron y se acercaron un poco. Pero finalmente conseguimos mantener la ventaja e incluso ampliarla. No recuerdo el resultado final ni la diferencia con la que les ganamos. Pero les ganamos. Fue el día más feliz de mi carrera baloncestística. Luego nos fuimos a celebrarlo. Ganamos las siguientes eliminatorias y llegamos a la final, jugada en el viejo pabellón cubierto de la ciudad. Nos costó arrancar, pero al final ganamos de 20 puntos. ¡Campeones! ¡Qué bonita manera de acabar lo que había empezado una tarde de septiembre de 1984!

Luego nos seleccionaron a algunos para jugar un partido amistoso contra un equipo de Villarreal, ciudad hermanada con Vilanova. Fuimos a Castellón, pero yo no pude jugar, pues me había lesionado en los entrenamientos previos. A veces, aun siento el dolor en la muñeca. Se puede decir que ahí acabó todo lo que yo podía darle de bueno al baloncesto. En la época del instituto, seguí jugando federado dos años y medio en ligas regionales de Cataluña, con el equipo local de la Gran Penya. Nuestro uniforme era idéntico al del Joventut de Badalona. Un entrenador de Vilanova, que por entonces trabajaba en la cantera de dicho club, me propuso ir a probar a sus categorías inferiores. El plan era serio, pero suponía gimnasio y baloncesto todos los días de la semana. Evidentemente prioricé los estudios y dije que no. Tal vez en otra vida donde solo existiese el mini-

básquet. De aquella época solo recuerdo hacer un gran partido. Fue en Martorell con los juveniles, cuando yo era aún cadete. El equipo se jugaba entrar en promoción de ascenso. Había que ganar. Fue un partido igualado. Solo jugué el último cuarto, pues de hecho era el tercer base. Pero hete aquí que nuestro entrenador me sacó justo en el *momentum* que había que aprovechar para ganar. Y ganamos. Metí cinco puntos, todos ellos de tiros libres, fallando solo uno. Había aprendido a provocar faltas, y eso hice. Seguía defendiendo como un jabato, y movía el balón bastante bien. El equipo fue a jugar la promoción a Badalona. Dejé de practicar baloncesto a los 17 años, después de la muerte de mi amigo Xavier Montserrat en el pueblo tarraconense de Santa Coloma de Queralt.

Sí, sentimos *devoción*, y eso es lo que nos mantiene en vida. Según Zubiri, la primera actividad humana consiste en la aprehensión de lo real. Discernimiento. Luego vienen los razonamientos y finalmente el entendimiento, la comprensión. Aprehender lo real, primer paso para aprender realmente. ¿Y qué aprendemos al cabo de la vida? En mi modesta opinión, aprendemos a jugar. Y, ¿qué es jugar? Hay libros, como el *Homo ludens* de Huizinga o *L´home que juga i treballa* de D´Ors, fallecido en mi pueblo, que tratan de reflexionar al respecto. Jugar sería la representación pacífica de la lucha por la vida. Por mi parte, recuerdo, para acabar, la canción del gran músico valenciano Julio Bustamante:

"Aquí no se juega a ganar o a perder, sino a estar bien"
Tardes azules con Pinniwes

AGRADECIMIENTOS

"Esplendor en la hierba" apareció en la revista de cultura *Lateral*. Agradezco a su director Mihály Des su publicación. "Pequeña teoría de un gol" apareció en el blog *Historias del calcio y otros mundos*. También agradezco a su autor su publicación.

No debo olvidarme de mencionar a mi amigo Xavier Montserrat, fallecido a los 16 años mientras jugábamos al baloncesto. Compartimos muchas horas practicando todo tipo de deportes. Murió haciendo lo que más quería.

Agradezco a mi viejo amigo Sergi Cortiñas que presente este libro.

"Añade sólo a tu sabiduría
Acciones dignas de ella, añade fe,
Añade la virtud y la paciencia,
Y la templanza, y añade el amor,
Que en tiempos venideros caridad
Se llamará, alma de lo demás:
Tú entonces no sentirás dejar
Este Paraíso, porque llevarás
Dentro de ti un Paraíso más feliz"

John Milton, *El Paraíso Perdido*, Libro XII, versos 581-589

BIBLIOGRAFÍA DEPORTIVA

Ajram, Josef: *¿Dónde está el límite?*, Plataforma, Barcelona, 2012

Arias, Inocencio F.: *Mis Mundiales. Del gol de Zarra al triunfo de la Roja*, Plaza&Janés, Barcelona, 2014

Campuzano, L. F. y Levalo Studio: *Big in Japan*, FEB, Madrid, 2006

Cappa, Ángel: *La intimidad del fútbol*, Tercera Prensa, San Sebastián, 1996

Cruyff, Johan: *Mis futbolistas y yo*, Ediciones B, Barcelona, 1997; *Me gusta el fútbol*, Edición y prólogo de S. Pàmies, RBA, Barcelona, 2002

Estiarte, Manel: *Todos mis hermanos*, Plataforma, Barcelona, 2009

García Mera, Julio: *Cuando el deporte te abandona*, Con la colaboración de Andreu Alfonso, Prólogo de José María García, Epílogo de Miguel A. Méndez, LID, Madrid, 2012

Gasol Sáez, Pau: *Gasol por Pau Gasol. El partido de mi vida*, Con la colaboración de Jesús Sánchez y Fernando Carreño Ocaña, Edebé/Marca, Barcelona, 2006

Gil, Jordi: *Descubriendo a Cesc Fàbregas. 35 miradas*, Prólogo: las conversaciones de Piqué y Puyol, Edecasa/Sport, Barcelona, 2012

Infante, Javier: *Zidane. Genios del balón al detalle*, Marca, Madrid, 2012

Ivanovic, Dusko y Larrea, José Luis: *Tiempo ¿muerto? para innovar*, Pirámide, Madrid, 2010

Jackson, Phil and Delehanty, Hugh: *Sacred Hoops*, Hyperion, New York, 2006

Jackson, Phil y Delehanty, Hugh: *Once anillos*, trad. Margarita Cavándoli Menéndez, Roca Editorial, Barcelona, 2013

Jornet, Kilian: *Correr o morir*, trad. Joan Lluís Quilis, Now Books, Badalona, 2012

Iglesias, Julio César: *La esfera y el guante. Aventuras deportivas de un periodista inquieto*, Selección de textos: Agustín Núñez, Roca Editorial&Córner, Barcelona, 2013

Martín Otín "Petón", José Antonio: *El fútbol tiene música*, Prólogos de Paco González y Pepe Domingo Castaño, Epílogo de Josep Pedrerol, Roca Editorial&Córner, Barcelona, 2012

Martínez, Ferran: *Zen 305. Coaching de altura para superar las pequeñas adversidades cotidianas*, Urano, Barcelona, 2012

Modeo, Sandro: *El Barça. Del fútbol total al fútbol cuántico*, Prólogo de Irvine Welsh, trad. Y. Pons, Alfabia, Barcelona, 2012

Polo Clausell, Alberto y Montero Lama, Ángel: *Equipos de fútbol de leyenda*, Santillana, Madrid, 1996

Polo Clausell, Alberto y Montero Lama, Ángel: *Futbolistas de leyenda*, Santillana, Madrid, 1996

Reina, Pepe: *El mundo en nuestras manos*, Medialive, Barcelona, 2010

Relaño, Alfredo: *Memorias en blanco y negro. Historias del deporte en los tiempos del NO-DO*, Prólogo de Juan Cruz Ruiz, Roca Editorial&Córner, Barcelona, 2014

Rentero, Juan Carlos: *LeBron James. La sonrisa del jugón*, Ediciones JC, Madrid, 2014

Rivero Herraiz, Antonio: *Momentos estelares de la Roja*, Presentación de V. Del Bosque, Lunwerg, Barcelona/Madrid, 2011

Sansot, Pierre: *Le rugby est une fête, le tennis non plus*, Payot & Rivages, Paris, 2002

Scariolo, Sergio y Ares, Blanca: *Hablando en plata. Las razones de un entrenador*, Prólogo de Pau Gasol y Juan Carlos Navarro, Turpial, Madrid, 2013

Segurola, Santiago: *Héroes de nuestro tiempo. 25 años de periodismo deportivo*, Antología de P. Cifuentes y P. Martínez-Arroyo, Debate, Barcelona, 2012

Unzueta, Patxo: *A mí el pelotón y otros escritos de fútbol*, Prólogo de S. Segurola, Libros del Atril&Córner, Barcelona, 2011

Valdano, Jorge: *Los cuadernos de Valdano*, Aguilar, Madrid, 1998

VVAA: *Cuentos de fútbol*, Selección y prólogo de J. Valdano, Alfaguara, Madrid, 1995

Título: EL CONDIMENTO DE LA VIDA. CRÓNICAS DEPORTIVAS
Autor: JOAQUÍN E. BROTONS

Editorial: WANCEULEN EDITORIAL
Sello Editorial: WANCEULEN ENSAYO

ISBN Papel: 978-84-9993-916-2
ISBN Ebook: 978-84-9993-917-9

Depósito Legal: SE 1538-2018

Impreso en España. 2018
WANCEULEN S.L.
C/ Cristo del Desamparo y Abandono, 56 - 41006 Sevilla
Dirección web: www.wanceuleneditorial.com y www.wanceulen.com
Email: info@wanceuleneditorial.com

*9 7 8 8 4 9 9 9 3 9 1 6 2 *